La Bataille du Made in France

Du même auteur

Votez pour la démondialisation ! La République plus forte que la mondialisation, préface d'Emmanuel Todd, Flammarion, 2011.

Des idées et des rêves, Flammarion, 2010.

Primaires, comment sauver la gauche ?, avec Olivier Ferrand, Seuil, 2009.

La Constitution de la VIe République. Réconcilier les Français avec la démocratie, avec Bastien François, Odile Jacob, 2005.

La Machine à trahir. Rapport sur le délabrement de nos institutions, Denoël, 2000 ; Folio Documents, 2002.

Monaco et le blanchiment. Mission de l'Assemblée nationale sur la délinquance financière, Éditions 1, 2000.

Les Tribunaux de commerce : une justice en faillite ?, avec François Colcombet, Michel Lafon, 1998.

Arnaud Montebourg

La Bataille du Made in France

Flammarion

ISBN : 978-2-0813-0100-9

À ces hommes et ces femmes
– les créateurs, les travailleurs, les ingénieurs –
qui font tourner la France.

Prologue

« Je m'apparaissais à moi-même, seul et démuni de tout, comme un homme au bord d'un océan qu'il prétendrait franchir à la nage. »

Charles de Gaulle,
Mémoires de Guerre, 1940.

Il y eut la « Bataille du Rail », gagnée par ces milliers de cheminots qui défendaient secrètement et silencieusement leur patrie. Il y eut la Bataille de France, emportée par ces centaines de milliers de combattants volontaires qui préparaient l'arrivée et l'avancée des Alliés sur le sol national. Des combats gagnés grâce et par les Français eux-mêmes, remportés par des hommes, des femmes, parfois des adolescents, des gens ordinaires ayant pris leur courage à deux mains, des anonymes, des audacieux, des imaginatifs, des battants, qui relevèrent des défis incroyables, souvent en risquant tout ce qu'ils avaient, et d'abord leur vie.

Voici la Bataille du Made in France, une bataille décisive, un défi à relever et à enlever, un projet de mobilisation de la Nation tout entière, une action patriotique pour chaque citoyen français, chaque habitant de France, qui tous forment une grande et même chaîne d'action unitaire, courageuse et imaginative. Dans cette bataille comme dans les autres que nous avons gagnées, la victoire à remporter repose sur chacun d'entre nous, quelle que soit sa place dans la société, sa condition ou son ambition. C'est une victoire sur nous-mêmes qu'il faudra arracher, et non – cette fois – sur les autres ; car c'est dans nos têtes qu'est le champ de bataille ; car c'est sur notre esprit qu'il faut agir d'abord. Pour quelle mission ? Y mener l'attaque indispensable, celle qui redressera le moral de Français devant redevenir des combattants, des engagés pour cette grande cause de leur avenir et leur prospérité future.

La Bataille du Made in France se joue donc dans l'espace de nos croyances et incroyances, dans celui de nos doutes et de notre détermination. Elle se place sur le terrain quasi militaire de l'absence de foi en nous-mêmes. C'est une bataille culturelle, une bataille pour redessiner et remodeler notre imaginaire national, pour retrouver le bonheur collectif de le contempler ensemble, afin de s'y fondre et d'y agir en habitants heureux.

C'est pourquoi ce petit manuel à usage des Françaises et Français ordinaires a pour but de montrer à chacun en quoi nous pouvons reconquérir ensemble, par nous-mêmes, notre propre prospérité. Il s'inscrit dans l'héritage du travail accompli par tous ceux qui ont bâti, rebâti, pensé et repensé l'industrie française, et qui ont donné à la France le prestige mondial intact dont elle jouit aujourd'hui. Sait-on que ce sont des Français illustres, ou à tort tombés dans l'oubli, qui ont inventé tant de techniques, produits et objets ayant révolutionné l'avenir ? La machine à calculer de Blaise Pascal en 1642, la machine à vapeur de Denis Papin en 1690, la machine à coudre de Barthélemy Thimonnier en 1830, la production d'aluminium par électrolyse mise au point par Paul Héroult en 1886, la découverte du radium par Marie et Pierre Curie en 1898, le dessin animé cinématographique français élaboré par Émile Courtet en 1908, la carte à puce de Roland Moreno en 1974, le train à grande vitesse le plus rapide du monde dévoilé en 1981, la mise au point d'un mode de dépistage du Sida par l'Institut Pasteur en 1983 sont autant de jalons de notre inventivité. Et ils ne sont pas les seuls puisque d'autres Français ont inventé encore la pompe, le métronome, le papier à fibre de bois, l'ascenseur, l'automobile, la montgolfière, le parachute, le télégraphe, la conserve, le crayon, la cafetière, les allumettes, la photographie, l'alambic, le tunnelier, le stéthoscope, les jumelles, la locomotive, la serrure, la cellule solaire, la turbine hydraulique, le ciment et le béton armé, le gyroscope, l'aspirine, le télescope, le réfrigérateur, la batterie rechargeable, le vélo à pédales, le sous-marin à moteur, la pasteurisation, le roulement à billes, la moto, les vaccins, la poubelle, la machine à calculer, le parfum, le soutien-gorge moderne, l'avion, le pneumatique, le cinéma, la lyophilisation, l'hélicoptère, le dessin animé, le sonar, l'ABS, la radioactivité, le radar, la crème solaire, les verres progressifs, la boîte de vitesses automatique, le forage horizontal, le Minitel précurseur d'Internet… et j'en passe. Sans oublier, dernièrement encore : le format de compression vidéo DivX, le baladeur multimédia, la chirurgie à distance ou encore le pneu increvable, soit une partie non négligeable des objets de la vie de tous les jours de nombreux habitants de la planète.

La France a une tradition révolutionnaire politique, elle qui fit la Révolution française, la propagea dans le monde, elle qui adressa, voilà deux siècles, à l'universalité, son message des Droits inaliénables et sacrés de l'homme et du citoyen. Ce grand roman national n'est pas le seul révolutionnaire. Son récit économique l'est davantage encore. Car les révolutions industrielles et technologiques se sont faites en France, ce qu'aucun Français ne devrait ignorer. Les prochaines révolutions industrielles viendront encore de France. La troisième révolution industrielle se prépare ici et avec chacun d'entre nous. Ce petit opuscule va vous expliquer comment nous allons nous y prendre.

Chapitre Premier

DES USINES ET DES HOMMES

> « Nous tirions de l'étranger, il y a trente ans, presque toutes les soudes que réclamaient les besoins de nos savonneries, verreries, blanchisseries, buanderies, teintureries. Monsieur Leblanc a affranchi la France de ce tribut annuel. Il nous a appris à extraire la soude du sel marin. Ses succès ont été d'abord contrariés par les habitudes et les préjugés. Le commerce fondé sur l'importation des soudes étrangères l'a combattu de tous ses efforts. »
>
> Jean-Antoine Chaptal,
> *De l'industrie française*, 1819.

On s'y était presque habitué, on s'y était résigné en tout cas, les bras ballants et l'esprit découragé. S'en relèverait-on ? Une production de jouets décimée par les importations massives à bon prix : ces baby-foot, ces poupées, ces garages et ces cuisines en plastique venus de Chine. Tous avaient perdu espoir de garder quelques capacités de production en France devant la déferlante chinoise, cette pluie de jouets bon marché tombée sur nous à la fin des années 80. Une histoire fichue en l'air, mais une histoire aujourd'hui derrière nous. Un triste sort, comme une sorte de fatalité. Pouvait-il en être autrement ? En vingt ans, nos usines de jouets en bois et plastique ont fermé les unes après les autres dans le grand Est de la France, dans les Vosges et le Jura, les vallées du jouet Made in France. Ces petites entreprises de plasturgie, avec leurs ouvrières minutieuses, et leurs travailleurs si fiers de leur métier, étaient tombés au champ d'honneur de la mondialisation déloyale, dans le silence et l'indifférence.

Dans l'inconscient collectif, la messe était dite, le jouet français c'était bien fini et pour de bon. Et les Français, pour qui la qualité, l'esthétique et l'intelligence du jouet comptent, gardent un goût amer sur les lèvres. Fallait-il s'indigner, ou encaisser ce que beaucoup présentent comme l'évolution « normale » des choses : les conséquences des nouvelles règles ou plutôt des non-règles du commerce mondialisé, telle une marée de concurrents sans foi ni loi qui, soudain, s'était abattue sur nous ? Nous connaissons la réponse : il vaut mieux s'organiser dans la lutte économique mondiale. Et se retrousser les manches.

Avec mon équipe ministérielle dans la voiture du Préfet, nous traversons Molinges pour prendre la départementale 436 vers le nord, sur la route de Saint-Claude. Nous sommes dans le département du Jura. La route est belle et sinueuse. Au sol, un matelas de quinze centimètres de neige poudreuse. Un paysage magnifique dans la vallée avant de passer la vieille usine hydroélectrique de Saint-Claude, une installation modeste, perdue entre deux bosquets, un vestige vivant du savoir-faire français dans les turbines hydroélectriques quand la ville décide de gagner son indépendance énergétique en 1920. Une petite révolution à l'époque.

Dernier virage à gauche sous la neige qui tombe dru avant d'arriver au quartier bourg de Dessus, à Lavans-lès-Saint-Claude, avec ses 2 000 habitants : à gauche l'association Jura Sud Football, à droite le siège social de Smoby, un fabricant de jouets en plastique Made in Jura. Pas le temps de faire une pause, nous prenons direction plein ouest jusqu'à Arinthod, un village de 1 150 habitants où se trouve l'usine, à 30 à l'heure derrière le chasse-neige. Il fait -2 °C de température extérieure au thermomètre. Devant nous se dressent l'usine et ses hangars démesurément grands, mais à l'intérieur nous venons à la rencontre de cette reconquête du jouet Made in France. Une histoire et un projet extraordinaire.

L'histoire de Smoby à Arinthod, c'est un résumé de l'incapacité à affronter la déferlante des jouets chinois après l'ouverture du commerce mondial à la Chine sans la moindre contrepartie. Une idée stupide des dirigeants européens qui n'ont pas assez réfléchi aux conséquences de leurs actes. Résultat, l'entreprise est mise en redressement judiciaire, les ouvriers ont perdu leur travail, un des dirigeants a même été mis en détention provisoire pour avoir abusé des biens de la société. Dans cette région du Haut-Jura, on a touché le fond, avec en prime la dépression de ne pas savoir comment s'y prendre pour rebondir. Puis, un jour, une famille d'industriels allemands a repris l'affaire à la barre du tribunal, décidé d'investir patiemment chaque année plusieurs dizaines de millions d'euros, reconstitué l'outil de travail abîmé, voulu améliorer la qualité des jouets, acheté des machines ultraproductives ; et les commandes sont peu à peu revenues. Assistés d'un jeune dirigeant de haut niveau, Thomas Le Paul, les actionnaires ont choisi de relocaliser la quasi-totalité des lignes de production. Mieux, ils ont réembauché les ouvriers autrefois licenciés et, maintenant, continuent à embaucher.

Comme l'explique Véronique, une ouvrière : « J'aimerais que tout le monde sache que le jouet Smoby, c'est le Jura. Smoby ça fait un peu british, les gens pensent que la société est anglaise ou américaine. Le Jura qui fait mieux que la Chine, parce que ça marche notre histoire, qui voudrait en effet y croire ? Or le jouet, ici, est dans toutes les familles ; c'est un patrimoine ; parfois deux générations entières ont passé leur vie dans le jouet. Alors maintenant l'espoir est revenu. Le vent est peut-être en train de tourner. » Frédéric, qui travaille chez Smoby depuis dix-sept ans, raconte : « Le savoir-faire, on l'a ici. Le moulage et l'assemblage d'un jouet, ça vous semble simple et facile comme bonjour, mais c'est un savoir-faire complexe qui résiste au temps ; je veux dire par là qu'il reste moderne même si les techniques et l'outillage changent. Il n'y a pas si longtemps, on trouvait dix ou douze entreprises de jouets partout dans le Jura jusque dans les Vosges et dans l'Ain, qui ont toutes construit ce savoir-faire du travail du bois et du plastique : Clairebois, Charton, Berchet… j'en oublie. Nous formions comme un ensemble avec les sous-traitants, implantés pas loin d'ici dans la "vallée du plastique" en allant vers Oyonnax. Car faire un jouet, c'est concevoir et fabriquer les composants du jouet, qui demandent la maîtrise des techniques de pressage et de moulage. Avec de bons outils et notre savoir-faire, difficile à maîtriser, je peux vous dire que Smoby est dans les clous, à la pointe. Industriellement, nous ne sommes pas à la rue, mais avançons. C'est difficile mais ça fonctionne. Maintenant il faut être clair : suivre les Chinois demeure compliqué. Le coût du travail est tellement bas en Chine que nous compensons avec un capital haut de gamme, telles les nouvelles presses à injection achetées 6 millions d'euros ! En fait, le plus dur à avaler ce sont les différences de normes. Nous croulons sous les normes, les concurrents non. Quand je vois des jouets chinois ni faits ni à faire, qui plus est à prix cassés, je me demande comment on ose laisser de tels produits à la vente. Et pourquoi il se trouve des gens pour les acheter. Permettez-moi une anecdote personnelle : des amis ont acheté un baby-foot pour leurs enfants. Par la seule pression du pouce, j'ai arraché les agrafes et détaché le plancher. Or un plancher de baby-foot Smoby résiste à une charge de 50 kilos posée cinq heures ! Vous imaginez la différence ? Alors soyons réalistes, ici la compétition nous nous y plions, mais la règle du jeu il faudra la revoir. »

Thomas, le dirigeant de Smoby, se félicite de son côté de l'attitude de ses actionnaires : « Ils jouent le jeu de l'investissement, qui est fondamental, explique-t-il. Dans quelques années, la hausse du coût de la main-d'œuvre en Chine nous permettra de rapatrier quelques lignes de production supplémentaires. Aujourd'hui, la Chine est incontournable dans le jouet, mais, d'ici à cinq ans, les choses changeront. On a mangé notre pain le plus noir. L'heure de la reconquête est venue. »

La chaussure renaissante

Par la D 704, nous passons de la Haute-Vienne à la Dordogne, notamment en traversant Saint-Yrieix-la-Perche, une ville de 7 000 habitants à la frontière des deux départements. La route traverse des bois et des pâturages. À gauche, des vaches de race Limousine reconnaissables à leur couleur froment vif, une merveille comme la Charolaise de Bourgogne. D'un coup, on aperçoit, à 200 mètres de la route et à portée du bétail paisible, les bâtiments modernes du groupe Fabrègue. C'est un imprimeur installé en Limousin depuis qu'Antonin, du même nom, sorti de l'École des beaux-arts à Paris, a ouvert une boutique d'imprimeur lithographe en 1892 à Bort-les-Orgues en Corrèze. Cent vingt et une années d'existence au cœur de la campagne, serait-ce encore une de ces vieilles histoires pour nostalgiques de la Belle Époque ? Certainement pas. Car 2013 est une belle année d'investissement pour Fabrègue, une de plus. La fabrique est au sommet de la technologie, ayant traversé un siècle pour devenir l'une des plus modernes d'Europe. 282 salariés y travaillent. Elle est, avec les biscuiteries, le poumon économique de Saint-Yrieix.

C'est un peu plus bas, en Périgord, au sud de Lanouaille, à la sortie de Saint-Médard-d'Excideuil précisément, un village de 600 habitants, que nous attendent les dépositaires d'un autre savoir-faire unique de réputation mondiale. Une équipe emmenée par un homme qui, en quinze ans, a refait de Repetto, maison créée en 1947, un chausseur de luxe de très grande envergure.

C'est jour de fête. Nous venons pour l'inauguration de l'extension de l'usine d'où sont sortis les chaussons de Noureev, les fameuses « zizi » blanches de Gainsbourg, les ballerines de Brigitte Bardot. Objectif 2013 : 500 000 ballerines vendues chaque année à Paris, New York, Tokyo, São Paulo. Les hommes et les femmes de l'usine portent tous des Repetto, et ce le plus naturellement du monde, comme chaque jour depuis des années, loin des subtilités du grand monde, heureux dépositaires d'une manière de faire unique – « le cousu & retourné » – qui, appliqué à un cuir de grande souplesse, offre au pied confort hors pair et raffinement certain.

Martine a vingt et un ans de Repetto derrière elle. « En 1999, on s'est dit que c'était cuit pour de bon, raconte-t-elle. Dépassés par les grands groupes étrangers, nous avions perdu conscience de la valeur et de la modernité de notre savoir-faire. Dans nos têtes, nous étions convaincus de ne plus rien valoir, d'être des *has been* comme on dit dans le monde du spectacle. Dès lors, nous étions tristes pour nous-mêmes, pour nos familles, pour le village, pour cette région où nous habitons depuis plusieurs générations. Jusqu'à la reprise en main de M. Gaucher. Il a remis la marque sur le devant de la scène, l'a réinscrite dans son histoire extraordinaire en lui adjoignant le marketing qui va avec. Le tout porté par un savoir-faire extraordinaire auquel on tient et que l'on transmet dans notre propre centre de formation. Avec lui, nous avons nos différends parfois, ce qui est normal puisque c'est le patron. Mais on s'arrange entre nous. Et puis on sent qu'il investit dans l'usine. Bientôt, ce sera dans le cuir lui-même, qui vient d'Italie et qui, demain, viendra peut-être de peausseries haut de gamme d'Aquitaine. La qualité des peaux, du fil de couture poissé, voilà les autres secrets de Repetto. »

Je me souviens de la fierté constatée dans le regard des employées et employés de Repetto, lorsque nous avons découvert l'entreprise, de l'incroyable force de travail dopée par la croyance que chacun partage dans l'avenir qu'ils possédaient. Après les discours, il a fallu repartir, mais nous étions d'un coup riches de la sensation que ce qui marche ici peut marcher partout en France.

Une forteresse ouverte

Le retour vers Paris jette toujours un léger voile de tristesse sur l'humeur des combattants que nous formons avec mon équipe de Bercy. Le sentiment d'éloignement du front économique que nous ressentons parfois, accompagné du constat de la solitude découverte chez nombre de patrons, cadres, ingénieurs, ouvriers, qui se battent sur le terrain, au quotidien, pour le Made in France, nous plonge toujours dans le regret. Celui de ne pas pouvoir faire plus et plus vite.

Mais Bercy donne de la force. Nous le savons et comptons bien en faire profiter notre engagement. Bercy, avec sa gueule de forteresse bouclée à triple tour, siège de l'état-major économique de la France qui laissa tomber dans la guerre économique mondiale nos industries et ceux, nombreux, qui voulaient en vivre, se réveille. Certes, le divorce est profond et violent entre le pays et sa classe dirigeante, à cause de cet abandon. Car c'est bien l'image de la débâcle de 1940 qui remonte à la surface dans la tête des Français quand ils songent à la désindustrialisation. Nous avons été submergés économiquement, et nos chefs de guerre, des généraux étoilés en tous genres, ne furent pas à la hauteur. Résultat, nous avons pris une sacrée raclée. Aujourd'hui, il faut donc s'organiser. Vite et de façon décisive. C'est cette reconquête difficile, lente et opiniâtre que je dois conduire. C'est la bataille du Made in France qui démarre, comme il y eut, en d'autres temps, celle du rail racontée par le grand cinéaste René Clément, merveilleuse ode aux cheminots français qui, chacun dans leurs gares, leurs entrepôts, sur leurs locomotives, participèrent à une lutte victorieuse dans laquelle chaque Français apporta son bout de courage à la grande chaîne d'entraide qui aboutit à la victoire. La bataille du Made in France, elle aussi, impliquera tous les

Français, elle mobilisera leur esprit patriotique, leur engagement même minuscule, toujours quotidien. Et ils y prendront tous une part, chacun à leur manière.

Bercy ? Un lieu peuplé de gens dévoués et honnêtes, à l'esprit supérieur, qui souffrent indéniablement d'avoir trop de pouvoir. La Direction générale du trésor et l'Inspection générale des finances appartiennent à ces lieux où se cultive parfois trop – cela dépend des individus – l'arrogance, cette maladie sociologique des grands corps de l'État qui reproduit un esprit aristocratique remontant du fond des âges. Beaucoup des personnes atteintes par ce travers se pensent titulaires d'une légitimité parfois supérieure aux politiques. Il faut comprendre que la pensée distillée au fil des notes, expertises, et recommandations par la Direction du trésor est toujours la même depuis vingt-cinq ans, à savoir indécrottablement libérale et profinancière. C'est d'ailleurs elle qui a contribué à reproduire, quelles que soient les alternances ou les verdicts du suffrage universel des Français, la même politique économique : une préférence excessive pour les consommateurs plutôt que pour les producteurs, une préférence maladive pour les services plutôt que pour l'industrie, une préférence dangereuse pour la finance plutôt que pour la production manufacturière. Des préférences ayant entraîné des choix politiques qui font, aujourd'hui, que notre base productive et industrielle se voit réduite à 11,2 % de la richesse nationale, quand les Anglais (que nous n'avons jamais cessé de présenter comme les contre-exemples de la désindustrialisation) sont à 12,9 %, les Italiens (bénéficiaires d'une force manufacturière très résistante) atteignent 16,4 % et les Allemands restent au niveau très élevé de 23,3 %[1]. Il faut sillonner ces pays pour observer combien les usines y sont souvent neuves et récentes, regarder comment les territoires sont parvenus à défendre et conserver le travail manufacturier et productif. Tous ont réuni leurs forces pour conserver et réinventer leur industrie, tandis que la France accumule, elle, des résultats catastrophiques : 750 000 emplois industriels perdus en dix ans (2002-2012), plus d'un millier d'usines fermées, autant de crève-cœur pour chaque citoyen amoureux et fier de notre puissance industrielle passée et abandonnée.

Je crois pouvoir écrire que les dirigeants de ces années-là possèdent une écrasante responsabilité dans ce décrochage industriel. Parmi eux, les responsables politiques ayant été sanctionnés par le suffrage universel, bien sûr, mais ils ne sont pas les seuls. Le conformisme intellectuel des plus hauts fonctionnaires de Bercy, qui ont refusé d'ouvrir les yeux quant aux résultats de leurs recommandations, qui ont sans cesse répété les mêmes dogmes, qui ont ressassé les mêmes recettes de cuisine économique, qui ont toujours eu de la complaisance envers un euro trop fort qui coûte si cher à notre pays, ont leur grande

1. Part de l'industrie dans la valeur ajoutée totale. Chiffre du rapport Louis Gallois, « Pacte pour la compétitivité de l'industrie française ».

part de responsabilité. Ce reproche adressé au conformisme intellectuel est amplement légitime car soutenu par le fait que la crise justifie qu'on recherche des idées nouvelles, qu'on installe l'audace et l'imagination au pouvoir, qu'on organise l'observation systématique et l'étude approfondie de ce qui marche au lieu de se contenter de reconduire les sempiternelles idées mortes nous ayant conduits au précipice.

Cette critique intellectuelle se double, à mes yeux, d'une critique sociologique. La plupart des hauts fonctionnaires du Trésor passent une grande partie de leur carrière dans les banques et les assurances. Les anciens y vont quasiment tous, et les jeunes rêvent de les imiter. En conséquence de quoi, le Trésor privilégie, avec un excès coupable, la protection des intérêts du système bancaire et financier, au lieu de soutenir et aider le système productif et industriel. Le couple infernal « pantouflage et conformisme » cause un grand tort à la cause du relèvement industriel national.

J'ai repensé, dans les premières heures de l'exercice de la mission difficile qui m'était confiée, aux enseignements politiques de la génération précédente des grands constructeurs et amoureux de l'industrie de notre pays. Mes premiers visiteurs des quelques heures, des quelques jours après la passation de pouvoir des mains de mon prédécesseur, furent Jean-Louis Beffa, Louis Gallois, et Jean-Pierre Chevènement, ce dernier étant l'ami de longue date, admirateur que nous étions en commun de François Mitterrand avec qui ils menèrent il y a trente ans, avec déjà à ses côtés Louis Gallois comme directeur de l'industrie au ministère, le combat pour l'industrie française. Il y avait beaucoup de sentimentalité dans ces entretiens comprimés d'espérance, l'espérance de faire de grandes choses et de ne jamais rien lâcher. J'avais compris leur message et l'avais aimé.

Une bataille culturelle

Véronique, Frédéric, Martine, Thomas racontent finalement, chacun dans leur entreprise, la même histoire : ils témoignent d'une même passion, d'un même goût, voire souci, du geste tendu vers la perfection. Entre les chaussures, les jouets et des drones, il n'y a pas à choisir. Il n'y a pas des vieilles manufactures hors du coup d'un côté et des start-up d'avenir de l'autre puisque tout le monde possède en soi et incarne un morceau du Made in France. Qui est notre bien commun.

Voilà bien un sujet où, dans les faits, nous sommes égaux. Nous avons tous des expériences de production et de consommation. Nous sommes tous attachés à une histoire et à une géographie économiques et productives, liées à nos parcours : déménagements, mutations, changements de job. Autour de nous, des membres de nos familles, des amis, des amis d'amis, des collègues exercent des métiers différents et ont connu des histoires entrepreneuriales et productives qu'ils transmettent aux autres et qui entretiennent l'imaginaire collectif. Aussi quand chacun parle de la production, du goût pour le travail, des métiers, évoque les carrières et les espoirs que ces sujets charrient, il parle un peu pour la France, de son avenir industriel et technologique, de sa prospérité future.

Or voilà, hélas, des sujets qui étaient tombés dans les limbes du silence depuis plus de vingt ans. Le Made in France était devenu un tabou, un sujet coupable et dangereux, une accusation de repli sur soi ; pire, le signe d'un état d'esprit nationaliste. Une grande partie de la classe dirigeante préférait chanter en chœur la fin des usines, comme si la France pouvait se passer de production industrielle et se contenter d'importer du *low cost* par porte-conteneurs ! Mais avec quelles ressources notre pays financera-t-il son modèle social, ses services publics, ses infrastructures de haut niveau faisant l'admiration du monde, son rayonnement culturel et diplomatique, s'il abandonne cette force-là ? L'ancien patron d'Alcatel Serge Tchuruk avait autrefois théorisé l'utilité d'une « France sans usine ». Aujourd'hui, le pauvre y est parvenu, puisque Alcatel chute dans toutes ses activités en Europe. Même le Prix Goncourt Michel Houellebecq décrivait dans son roman *La Carte et le Territoire*[1] une France présentée comme un vaste Hôtel Resort and Spa, avec stations de ski pour clientèle chic et huppée, emplois précaires de service et de tourisme, et 10 000 musées, avec Beaubourg et Disneyland en prime. Une France muséale et patrimonialisée, digérant ses friches industrielles, une France sans production, une France qui a bazardé sa glorieuse puissance industrielle appartenant à un passé

1. Michel Houllebecq, *La Carte et le Territoire*, Flammarion, 2010.

paraît-il révolu. Cette caricature dépressive a été dessinée par ceux qui abandonnèrent notre pays dans le combat, cédèrent aux sirènes de la préférence pour les services et la finance, ce prétendu modèle anglo-saxon qui rayonnait dans les têtes de la Californie jusqu'à l'Irlande en passant par le Londres de la City, mais qui s'effondra superbement dans la crise des *subprimes* en 2008.

Le drame est que, alors que les grandes nations ne renoncèrent jamais à leurs capacités industrielles, à leurs savoir-faire, à la course vers l'innovation technologique, nous autres, Français, avons choisi l'abandon, l'oubli, sombrant dans une sorte de désertion, d'inconséquente négligence. Qui nous ont conduits à l'affaissement. Un affaiblissement dont il sera difficile de sortir.

Le combat est donc d'abord à mener contre nous-mêmes. Contre notre degré d'incroyance en nous-mêmes. Contre notre absence d'estime pour nous-mêmes et ce que nous entreprenons. Contre notre penchant excessif à la flagellation. En somme, c'est d'abord un combat dans nos têtes qu'il convient d'engager.

Chapitre 2

Le pouvoir du peuple

> « Le patriotisme, c'est l'amour des siens. Le nationalisme, c'est la haine des autres. »
>
> Romain Gary, *Pour Sganarelle*, 1965.

Une dame, un peu âgée, un peu gouailleuse, qui avait certainement dû en baver dans la vie mais qui ne s'était à coup sûr jamais laissé faire, me reconnut un jour dans la rue et m'interpella en m'appelant « M. Monbourg ». Mi-sérieuse mi-taquine, cette dame me lança : « On en a assez du Made in China, on supporte plus. Pendant ce temps, qu'est-ce que vous faites pour le Made in France ? Eh bien, vous ne faites rien ! » En l'écoutant, j'ai compris alors que le « Made in France » devenait une sorte de rengaine populaire, une sorte de chanson de geste comme il y en eut tant parce qu'elles exaltèrent le charme et les forces de notre pays.

Le Made in France est l'esprit même du patriotisme économique. Car il est la marque d'estime que nous nous adressons à nous-mêmes, la fierté que nous portons en bandoulière, l'amour que nous accordons à notre travail, notre savoir-faire.

Il signifie qu'un produit, un objet ou un service a été fabriqué en France. Peu importe, au patriote qui sommeille en nous, si la marque associée à ce produit n'est pas française ; il suffit que cette production fasse travailler nos ateliers et usines pour servir notre intérêt économique. À l'inverse, une marque française qui ferait produire hors de France serait hautement critiquable si elle utilisait abusivement l'estampille Made in France. L'essentiel est donc que l'objet ait été produit ou assemblé sur le territoire et qu'il soit l'expression du savoir-faire français.

Mais la définition du Made in France serait trop étroite si elle se bornait à souligner une simple assignation géographique et territoriale. Dans sa profondeur, l'expression nous renvoie à une communauté, à une histoire et à une ambition. Elle recouvre un processus de production qui a mobilisé une somme considérable d'intelligences, de compétences, de valeurs partagées. Des hommes et des femmes se sont parlé, se sont épaulés, se sont opposés parfois, mais ils ont imaginé ensemble, rêvé ensemble, et ont travaillé ensemble. Ils ont incarné la singularité d'un territoire, perpétuant et renouvelant des traditions héritées de leurs parents. Ils ont imprimé dans leur ouvrage une certaine idée de la qualité française, signature fière et modeste d'objets anonymes destinés au quotidien de leurs compatriotes comme du reste du monde. Le Made in France nous relie à eux. Il relève d'une histoire industrielle, technologique, scientifique, productive, économique, commerciale et sociale que nous partageons au sein d'une communauté qui nous rassemble et qui nous ressemble. Il est le fil tiré du passé qui se prolonge vers l'avenir.

Promouvoir le Made in France n'a rien d'une attitude défensive. Ce n'est pas un repli sur soi, un refus du monde, mais une marque d'estime et de confiance envers la communauté nationale, un signe d'attachement au territoire local. Le patriotisme c'est bien l'amour des siens, un signe de l'estime de soi. En somme, l'inverse du nationalisme, qui entretient au contraire la haine des autres.

Les deux lobes d'un même cerveau

Ainsi, le Made in France nous réconcilie avec nous-mêmes : nous ne sommes pas seulement un producteur ou un consommateur ; nous sommes tout à la fois l'un et l'autre. Car il faut bien reconnaître que, dans le cerveau de chaque consommateur, il existe deux lobes. Le lobe droit qui défend son portefeuille, son pouvoir d'achat, ses intérêts immédiats : c'est le consommateur qui regarde seulement les prix, ne s'intéresse jamais aux étiquettes de provenance, c'est la recherche effrénée du *low cost*, qui fait la fortune des capitalistes du communisme chinois. Le lobe gauche, lui, correspond au citoyen qui s'exprime lorsqu'il pousse son chariot au supermarché, c'est celui qui, dans les conversations, fait que chacun se plaint de la montée du chômage, voudrait que les PME de sa région embauchent son fils ou ses neveux, rêverait de voir son salaire augmenter, et qui accepte de payer un peu plus cher son soutien au modèle social français.

Ces deux lobes d'un même cerveau peuvent et doivent se réconcilier dans le Made in France.

Car un salarié est toujours un consommateur et un consommateur souvent un salarié. Aussi se reconstruit en nous-mêmes, et avec les autres, une solidarité implicite et concrète. Nous voulons de plus en plus que nos choix de consommation développent l'emploi en France, soient compatibles avec le versement de salaires décents, financent une protection sociale de bonne qualité, des services publics dans l'éducation, les transports, les crèches et la petite enfance, aussi universels que solides.

Le Made in France est, en fait, l'étendard de notre propre réconciliation.

D'autant que les Français sont prêts, dans la mesure de leurs capacités, à payer un peu plus pour acquérir un bien qui fait du bien à la France. Les enquêtes, précises et documentées, de l'opinion l'attestent. Depuis 2005, le CRÉDOC[1] observe une remontée du désir de Made in France. En 2005, pour lui, 44 % d'entre nous étaient disposés à payer plus cher ; ils sont 64 % en 2010. Et 77 %[2] en 2012. Dans des enquêtes de l'IFOP ou BVA de 2011 et 2013, le soutien ressemble à un plébiscite : nous sommes 8 sur 10 en moyenne disposés à payer un peu plus cher (de 5 % environ et jusqu'à 10 %) un produit s'il est fabriqué en France. Les Français font preuve d'un bon sens qui surclasse

1. Étude CRÉDOC, « Consommation et modes de vie », n° 239, ISSN 0295-9976, mai 2011.

2. Sondage IFOP pour l'opticien Atol, « Les Français et le Made in France », n° 110936, janvier 2013.

souvent celui de nos élites, en particulier financières. L'industrie, jugée indispensable par les premiers, est brocardée par les seconds qui ont fait le rêve stupide d'une France sans usine. Or, c'est oublier que 8 Français sur 10[1] estiment que notre pays ne peut pas se passer d'industries. Ces Français n'expriment aucune haine, aucun repli. Leur motivation n'est pas d'agir contre les autres, mais pour eux-mêmes.

Selon ces mêmes enquêtes[2], 92 % associent le Made in France à des conditions de travail plus respectueuses des hommes qu'ailleurs, 93 % à la qualité du produit et 87 % à la protection de l'environnement, à la préservation de l'emploi. Les Français savent pertinemment, aussi, que la concurrence déloyale de pays géants en phase d'éclosion grignotera, morceau par morceau, notre modèle social bâti à force de discussions, luttes et compromis. Ils ne veulent surtout pas être mis en concurrence déloyale avec le reste du monde. Personne ne peut leur donner tort.

Mylène, qui travaille dans la Drôme à Die, semble avoir une conscience aiguisée du sujet. Véritable militante de son propre parti, qu'elle a créé seule et dont elle croit être l'unique membre, le « parti du Made in France », elle ne veut pas se définir comme une salariée ou une consommatrice.

---

1. Étude CRÉDOC, « Consommation et modes de vie », n° 239, ISSN 0295-9976, mai 2011.

2. Sondage IFOP pour l'opticien Atol, « Les Français et le Made in France », n° 110936, janvier 2013.

« Je suis les deux à la fois, explique-t-elle. J'ai lu quelque part l'expression "consommateur responsable". Pour moi, ça signifie penser à ceux qui travaillent et à la nature, y compris quand je suis dans un magasin. Je ne fais pas du 100 % Made in France parce que ce n'est pas une idéologie et tout n'est pas disponible en Made in France ; loin de là ! Le Made in France a cependant un sens précis à mes yeux : c'est une sorte de passion du local. Je parle très bien l'anglais et l'espagnol, donc le monde je l'aime. Je n'ai aucun problème avec les autres, ne suis pas fermée. Protéger la vie locale, régionale et même nationale est pourtant une obligation. Comment voulez-vous être ouvert au monde si, à l'endroit où vous vivez, vous ressentez une forme d'insécurité, si vous avez la conviction que le reste du monde va détruire vos usines et le travail ? Protéger le local doit concerner tous les domaines de la vie : agricole, artistique, industrielle… en réalité les savoir-faire de centaines de milliers de gens, d'artisans et de PME. C'est cela le Made in France. Or, l'Europe ne fait rien pour nous protéger. Au contraire, elle nous expose sans cesse. Nous ne sommes même pas foutus de bien informer les gens. Ainsi, je ne saurais pas dire où sont fabriqués telle poêle ou tel robot ménager, alors que je m'y intéresse. Le prix compte et moins on a de revenus plus il compte, mais, même avec peu d'argent pour soi, nous gardons une petite part d'autonomie, une liberté de choisir et, à certaines occasions, de faire pencher la balance en faveur du Made in France. Pour moi, cela ne relève pas du sacrifice car, en sortant du magasin, penser que je ne suis pas tombée tout entière dans le système me fait du bien. »

L'esprit de la marinière

Le système, contre lequel Mylène est entrée en résistance grâce à de petits gestes quotidiens, c'est celui de la société de consommation abêtissante et aveugle, qui construit notre appauvrissement futur. Elle a décidé de lui opposer de l'intelligence, une intelligence qu'elle intègre dans chacun de ses gestes de consommatrice désormais avertie. Or, ces gestes deviennent autant de micro-décisions favorables au redressement de notre appareil productif. C'est ce que j'appelle « l'esprit de la marinière ».

Le jour où, en tant que ministre de la République, j'ai accepté de porter publiquement une marinière en maille d'Armorique dessinée et tricotée par et dans les ateliers de la marque Armor Lux à Quimper, comme emblème du Made in France, je n'imaginais pas que ce vêtement deviendrait une sorte d'oriflamme de cette cause nationale naissante. Depuis, j'ai vu des cohortes de personnes de tous âges, sur les réseaux sociaux comme dans des rassemblements, porter, et même arborer fièrement, cette tenue symbole de leur engagement en faveur d'un combat relevant de l'union nationale. J'ai vu des étudiants m'interpeller dans la rue ou les gares parce qu'ils portaient une marinière et tenaient à souligner leur engagement en faveur du Made in France. J'ai vu de nombreuses publicités reprendre à leur compte la marinière. J'ai vu les ventes d'Armor Lux augmenter de plus de 75 %

en l'espace d'un week-end, et 40 % en un an. J'ai été heureux de cela. Car à travers ce symbole s'exprime une cause nationale qui n'exclut personne, implique chacune et chacun, et rassemble tous les Français.

Cette consommation éclairée est guidée par l'intuition que la qualité du choix – le choix de la qualité – participe d'un équilibre simple : un pays doit produire au maximum ce qu'il consomme, et préférer consommer ce qu'il produit. Le Made in France fait, ainsi, renaître l'espoir industriel de toute une Nation.

C'est donc une mobilisation nationale de toutes les forces de France qu'il faut enclencher. Une mobilisation qui montrera à chaque citoyen qu'il possède un pouvoir réel, le pouvoir démocratique sur l'économie. Car nous devons lutter contre la croyance selon laquelle la démocratie se réduit au vote. Un électeur, une voix : cela est équitable. Mais le peuple n'est pas voué, entre deux rendez-vous électoraux, à faire tapisserie. Le citoyen n'est pas un intermittent de la politique, ni de l'économie. Faut-il rappeler que l'instrument efficace, dont disposent à peu près tous les Français pour orienter la politique de leur pays, plus que la carte électorale qui sert tous les cinq ans, est la carte bancaire, qui sert, elle, tous les jours ? Avec elle il ne vote pas littéralement, mais il vote quotidiennement. Il vote français, ou européen, ou chinois. Il vote multinationale ou production locale. Il vote respect de l'environnement ou productivisme décomplexé, commerce équitable ou concurrence déloyale. Il vote ultralibéral ou solidaire. Il vote pour sauver des filières, des savoir-faire, des traditions, ou pour assurer la fortune d'actionnaires anglo-saxons.

Aux Français, nous ne disons pas de prendre le pouvoir, puisqu'ils l'ont déjà, nous les invitons à en prendre conscience ! La consommation raisonnée est une pratique modeste et dérisoire, au regard des grands discours de politique générale. Quatre chiffres tapotés sur un petit clavier… Voilà un geste de rien du tout. Mais c'est précisément ce geste modeste qui a une forte puissance. Car il traduit un choix effectif, est un acte effectif qui, mille fois répété par des millions d'individus, a des effets considérables. Il ne procède pas d'un discours et n'aboutit pas à des discours. Non : il change la réalité.

Le « Low Cost » Horror Picture Show

Un matin, dans le Sentier, un quartier de Paris connu pour être le temple de la confection et du textile, et qui fut très abîmé par la concurrence *low cost* des pays à bas coût, Jean-Jacques, employé comptable ayant survécu à la mondialisation déloyale, m'attrape par la manche : « M. Montebourg, c'est quoi ce monde où on vend un jean 250 euros fabriqué au Bangladesh parce qu'il a une marque ? Les gains obtenus sur les salaires de quasi-esclaves ne sont pas des gains de pouvoir d'achat pour les consommateurs occidentaux, s'ils se laissent berner par cette illusion. Que fait-on de la qualité ? Pourquoi acheter des marques plutôt que d'acquérir de beaux produits ? Si je recherche de la qualité, je préfère mettre le prix en me payant un pantalon fabriqué dans mon pays. Le Made in France est une question d'état d'esprit. »

Il a raison. C'est pourquoi, après tant d'années où on a vu déferler une confection bas de gamme fabriquée dans des conditions inhumaines, j'ai pris mon bâton de pèlerin pour aller à la rencontre des résistants du textile, entrepreneurs ayant réussi à tenir et même progresser parce qu'ils vendent de beaux produits. Des produits qui deviennent, peu à peu, de belles marques. J'ai ainsi beaucoup aimé un voyage à Limoges où l'on fabrique les costumes Smuggler. La renaissance de l'entreprise familiale « France Confection », des façonniers courageux et entreprenants, est une incroyable aventure.

Élisabeth, après avoir été remerciée de son entreprise textile à trois reprises, en a eu assez des plans sociaux à répétition qui rétrécissaient l'entreprise, la promettaient à une mort certaine. Avec son mari Gilles, elle a décidé d'agir. « En 1996, il y a dix-sept ans, avec mon mari, nous avons pris les choses en main, raconte-t-elle. Et on a racheté l'entreprise qui nous employait, loué les locaux à la ville de Limoges pour remonter "France confection", société en faillite, en gardant 30 des 120 salariés. Aujourd'hui, nous sommes justement 120, et plus si on compte "France Pantalon", aujourd'hui Smuggler. Il faut donc garder de l'espoir, ne pas baisser les bras, ne jamais brader sa valeur. Souvent cette valeur est invisible, on ne sait pas la chiffrer. Le textile et la confection, ici, représentent une histoire, une tradition, des savoir-faire, tous essentiels quand on privilégie la grande qualité. Et c'est précisément ce que nous faisons depuis dix-sept ans et qui marche. On nous disait : "La confection en France c'est fini, terminé." Eh bien, aujourd'hui des marques très connues nous font confiance et viennent produire chez nous. À Paris, Londres, New York et Tokyo, les particuliers achètent des costumes, des pantalons fabriqués en série, demi-mesure ou sur mesure à Limoges. Belle revanche ! On peut du reste faire des choses exceptionnelles dans notre métier : mettre une poche à rabat à droite et une autre plaquée à gauche, personnaliser une doublure. Je regrette toutefois que la France ait perdu ses tissus, puisque les nôtres viennent d'Angleterre ou d'Italie, référence aujourd'hui en la matière. Notre filière a bu le bouillon quand les entreprises de confection ont fermé les unes après les autres, voilà vingt ans, mais cela reviendra un jour. Car même les consommateurs changent. Ainsi, jamais je n'ai senti les gens aussi intéressés par le Made in France. Les clients reviennent de la confection *low cost*, du costume qui tient six mois, se défait après deux passages au pressing. Un costume normalement entretenu chez nous dure sept à dix ans sans difficulté. Il faut garder l'espoir et être un peu patient. Certes, le retour du Made in France prendra un peu de temps, mais en attendant cultivons nos forces, ne laissons pas les savoirs s'envoler et se perdre. La transmission est essentielle. Quand la chaîne de transmission est cassée, le savoir se perd. Mon mari est P.-D.G., je suis chef d'atelier mais s'il le faut je remplace une salariée à une machine et mon mari, lui, peut aider à décharger un camion. Chez nous c'est ainsi. Il reste un esprit familial qui nous va bien. Le Made in France est une grande filière d'avenir. »

Le combat des labels et des appellations

En attendant, pour donner sa mesure au pouvoir détenu par le citoyen-consommateur, il convient de lui apporter la meilleure information possible sur les produits qu'il achète, et en particulier leurs origines. C'est à cette condition concrète – de bon sens – que l'achat se transforme en pouvoir. Or, les tenants du marché unique mondialisé, tirant avantage du fait que les règles nationales ne sont pas harmonisées, poussent leur pion au détriment de celles et ceux qui pensent et vivent encore la Nation. En faisant quoi ? En tenant à ce que l'étiquetage des produits leur provenance restent flous.

Pour eux, tant que l'origine géographique et donc politique d'un produit sera traçable, leur quête d'un espace mondial unifié, où les marchandises et les capitaux circulent sans limite, n'aura pas été achevée. Un monde dépolitisé au maximum, un monde conçu pour le marché sans espace politique – la mort des nations en somme, ou la fin organisée des modèles sociaux, environnementaux, ou économiques originaux – serait la solution. Leur solution.

La mondialisation marchande, l'œuvre – condamnée – de l'Organisation Mondiale du Commerce (OMC), a en effet besoin du secret de l'origine pour mener à bien son dessein contestable : mettre en concurrence tous contre tous. L'idée que les individus puissent retenir comme critère de choix l'origine d'un produit leur paraît une grave atteinte à l'équité de la concurrence. Chaque consommateur devrait, pour eux, être aveugle. Seuls la qualité annoncée et le prix devraient, selon ces chantres de la mondialisation, départager les producteurs. L'inclination patriotique est donc, pour l'OMC, à proscrire. Le langage utilisé le prouve puisqu'on parle alors de « distorsion de concurrence ». Un sacrilège pour des gens qui voient dans la notion de concurrence, une bible ridicule et flétrie, la loi des lois, voire la méta-loi intouchable qui devrait organiser le commerce mondial. La rédaction choisie par l'institution qu'est l'OMC ne souffre d'aucune ambiguïté : « Le marquage d'un produit ne peut pas avoir d'effet de restriction, de distorsion ou de désorganisation du commerce mondial. »

À ce premier carcan, l'Union européenne en a ajouté un second. Qui s'appuie en droit sur l'interprétation – à mes yeux abusive – de l'un des principes de l'Union. Celui de la libre circulation des marchandises en Europe. Qui a, jusqu'ici, conduit à prohiber toute réglementation nationale imposant le marquage obligatoire de l'origine d'un produit. Ainsi, si le gouvernement français prenait l'initiative d'imposer un marquage Made in France à ce qui est fabriqué sur son sol, cette législation serait rejetée par la Commission européenne et la loi devrait être abrogée ! Certes, il existe des exceptions, mais elles portent essentiellement sur les produits agroalimentaires qui peuvent bénéficier, sous condition, d'une indication géographique protégée, comme les appellations d'origine contrôlée. Ainsi en est-il du vin qui permet à la France, à l'Italie ou à l'Espagne, producteurs historiques européens, de faire valoir la typicité de leur production.

Or, cette exception, il est nécessaire de l'étendre aux biens typiques non alimentaires. Qui sait qu'un acheteur de « Laguiole authentique » a de fortes chances de tenir un couteau fabriqué en Chine ? Un projet de loi en ce sens, porté par le gouvernement, sera bientôt soumis au vote du Parlement. Son objectif : permettre, comme avec le vin ou le fromage, d'imposer une production locale aux produits dont la typicité, c'est-à-dire le lien au territoire, est manifeste. Sauf à voir le texte cassé par l'Union européenne, nous voulons regagner un bout du terrain perdu, et lever le secret sur l'origine des biens « typiques » que nous achetons.

Quant aux autres produits, c'est-à-dire l'immense majorité des biens, force est de constater combien le chemin à parcourir est encore long et la situation insatisfaisante sur ce point. Le démantèlement des barrières tarifaires et la baisse des coûts de transport durant les années 80 ont rendu possible une mondialisation de la production. Une entreprise délègue une partie de la production à une, deux ou trois filiales installées à l'étranger. Résultat, le bien devient un composite d'une multitude de nationalités et territoires. Cette réalité s'applique désormais aux produits les plus courants de la vie quotidienne, comme les meubles, la vaisselle, la hi-fi. La législation, applicable faute d'un autre accord au sein de l'UE pour clarifier les règles, est celle disponible dans le Code des douanes communautaire. Le « made in » est celui du pays, dixit l'article 24 dudit code, où a eu lieu la dernière transformation du produit. Ce qui a entraîné des interprétations à géométrie variable par les services de l'État, rendant tout illisible, aussi bien pour les entreprises que pour les consommateurs. Une assiette moulée, cuite, peinte en Chine qui se voit ajouter un crochet mural en Italie se transforme en objet d'ornementation capable d'être étiqueté « Made in Italy » ! Ubuesque et absurde.

La bataille du Made in France commence donc là. Dans l'exigence de transparence des origines. Cette volonté, ce patriotisme économique ne sont pas une exception française. Il ne faut pas croire les néo-libéraux de droite – comme de gauche d'ailleurs, il en existe –, ces libres échangistes à tous crins dont le métier est d'asseoir le triomphe du commerce sans limite sur l'affaissement de nos intérêts industriels, lorsqu'ils prétendent que ce combat est d'arrière-garde et strictement français. Les nations ayant une tradition d'industrie forte mettent elles aussi en avant l'identité patriotique de leur production pour dire aux entreprises, au peuple et au monde : « Nous avons des savoir-faire, des infrastructures, la qualité est notre affaire. » En Suisse, aux États-Unis, au Canada, en Australie, en Chine, en Nouvelle-Zélande, des législations « made in » ont ainsi vu le jour. Dans certains cas, le marquage « made in » est même devenu obligatoire, comme dans l'automobile lorsque 70 % des équipements, le moteur et la transmission sont par exemple réalisés aux États-Unis. Nous n'avons donc pas à nous excuser de vouloir défendre, assumer, exercer, à notre tour, ce pouvoir patriotique. Nous ne sommes pas seuls !

Sur la question du marquage, Yves Jego a fourni un travail d'analyse sérieux et des propositions pertinentes, idées consignées dans un rapport paru en mai 2010. Évoquant la confusion dans le marquage du « made in », il parlait de « mondialisation anonyme », de « blanchiment des délocalisations », expressions très dures mais très justes. Yves Jego est de droite ? Et alors ? Le Made in France est une cause nationale. Il exige de nous le dépassement des antagonismes d'appareils politiques. Je ne sais pas si Véronique, Frédéric, Martine ou Élisabeth, tous ceux que je rencontre dans cette bataille, sont de droite ou de gauche. Je ne leur ai pas demandé. Je fréquente, grâce à mes responsabilités, de nombreux chefs d'entreprise dont les opinions politiques connues ne sont pas les miennes. Ensemble, nous partageons pourtant la passion de la base industrielle France, la volonté de l'aider à sortir de ses difficultés, la conviction qu'elle possède des capacités de rebond et de réinvention inespérées. Et si l'un d'entre eux néglige la France, je le lui dis. Qu'il soit syndicaliste ou patron, l'exigence patriotique en économie nous est en tout cas commune.

Aux grands épiciers de France, ceux qu'on range dans la catégorie de la grande distribution – Carrefour, Leclerc, Intermarché, Système U, Casino –

j'ai demandé de venir me voir à Bercy pour réfléchir à la question de l'étiquetage patriotique dans leurs magasins. Désireux de se racheter une conscience après les accusations renouvelées de capter, grâce à leur position dominante, la valeur créée par les PME du système productif, agricole ou manufacturier, ils ont décidé de guider les consommateurs dans l'exercice de leurs préférences. Intermarché, qui possède des usines de fabrication alimentaire en France, a fait le choix du tricolore directement sur les paquets, les supermarchés Leclerc ont privilégié des rayons spécialisés. Casino a également décidé d'agir. Les Galeries Lafayette ont imaginé des listes de mariage Made in France. De fait, sait-on que 95 % des marques dites distributeurs sont Made in France ? En tout cas, ces nouveaux rayons sont destinés à se généraliser.

Avec les patrons patriotes, nous poussons aussi la certification Origine France Garantie. Qui devient peu à peu le label de ralliement du Made in France, tant les analyses de produits pratiquées et le travail sur la provenance des matières premières et intermédiaires sont sérieux. À ce jour, 304 entreprises portent ce marquage intelligent. Critère d'attribution : au moins 50 % de la valeur ajoutée réalisée en France ouvre la voie à la certification Origine France Garantie. Peugeot-Citroën, Canson, Kronenbourg, Atol, Brandt, Seb, De Dietrich, Rossignol, Veloscoot, Smuggler et beaucoup d'autres l'ont obtenue et adoptée. Chaque semaine, des enseignes, des marques emblématiques rejoignent les rangs Origine France Garantie. C'est aussi le choix que Toyota, constructeur d'automobiles japonaises en France, a fait pour ses Yaris essence et hybride fabriquées à Valenciennes, dans le Nord. Car cette certification englobe et concerne les marques de toutes nationalités, tant le critère retenu est celui du travail réalisé sur notre sol pour la majorité du contenu du produit. Elle est une preuve de la confiance accordée au potentiel industriel de notre pays, à la qualité de nos infrastructures, à la compétence des ingénieurs, à l'intelligence collective des travailleurs qui permet de résoudre des problèmes concrets et techniques de production en toute efficacité et humanité.

Les raisons d'espérer

Existe-t-il des raisons d'espérer ? J'ai eu la réponse à cette question dans la lettre reçue d'un de nos compatriotes travaillant en Californie pour une entreprise américaine. Il y évoquait sa propre carrière comme Français dans les groupes mondiaux. Et voici ce qu'il avait entendu, pensait et conclut sur notre beau pays, la France :

« J'ai eu plusieurs occasions, dans ma carrière professionnelle, de déployer le système de production japonais dans beaucoup de pays. Cette discipline de gestion est fondée sur l'élimination totale du gâchis dans la chaîne de production et d'approvisionnement grâce à une suite de chantiers d'amélioration continue (en japonais "kaïzen"). La meilleure traduction française que j'ai trouvée est un système de production "zéro gaspi". Première grande révélation de cette discipline de gestion : la part du gaspi dans la plupart des activités industrielles est de l'ordre de 90 %. J'ai eu du mal au début à croire à ce pourcentage tellement élevé mais mon expérience dans plusieurs entreprises m'a confirmé qu'il est à peu près toujours de ce niveau.

J'ai lancé moi-même cette révolution dans des centaines d'usines et de centres de distribution : de la Chine au Mexique, des États-Unis au Canada, de la Roumanie à la Suède, et même jusqu'au Japon. À ma grande surprise, les usines qui ont le plus progressé et qui ont adopté cette discipline de la manière la plus enthousiaste et la plus efficace furent souvent les unités françaises ! Et cette observation est fondée sur des mesures concrètes des progrès et non sur ma préférence nationale. Par exemple, il y a quelques années, dans une entreprise bordelaise, les délégués CFDT et FO m'ont eux-mêmes présenté les résultats de leur chantier "kaïzen". Tous avaient compris que cette révolution "zéro gaspi" était le seul moyen de sauver l'usine et de la rendre compétitive, même au cœur de la mondialisation de leur industrie. C'est ce qui explique pourquoi le Japonais Toyota ouvre encore des usines dans le monde occidental comme à Valenciennes, en France, il y a quelques années. »

Il ajoutait fort pertinemment, coupant court aux critiques que s'adressent en procureurs zélés les Français à eux-mêmes :

« C'est là que le don de la France pour l'application du "zéro gaspi" avantage notre pays. Je l'ai constaté au Japon, chez Toyota. Les ingénieurs japonais, qui n'avaient aucune idée de ma nationalité, me pensant américain comme les autres visiteurs, m'ont confirmé qu'ils avaient été impressionnés par la vitesse avec laquelle leur "petite sœur" de France avait appliqué les principes "zéro gaspi" et très rapidement atteint des niveaux de qualité et de productivité étonnants. Un ami américain, ancien vice-chairman du numéro un mondial de l'équipement automobile, m'a affirmé que leur meilleure usine au monde en "zéro gaspi" était celle de France. Mon ami est un Américain pure souche et en aucun cas suspect de sympathie envers la France.

Je pense qu'il existe une raison fondamentale à ce succès. La plupart des gaspis sont générés par le fait que rien ne se passe vraiment dans l'usine comme prévu, c'est-à-dire comme le pensent les cadres. Par conséquent, la seule manière d'éliminer le gaspi est d'impliquer tout le monde, avec la participation des ouvriers et des techniciens dans les chantiers. Et c'est là que nos Français brillent ! Ils savent réfléchir et adorent donner leur avis. Quand ils comprennent que cette participation est vraiment au cœur du système et non un faux-semblant, tout devient possible. D'une certaine façon, ce système correspond parfaitement à la mentalité française. »

Ce témoignage l'atteste : tout est possible. Et c'est à la défense de ces qualités que chaque citoyen peut, selon ses moyens, se consacrer. En exerçant son pouvoir à travers l'achat, autant qu'il est possible, de produits « Made in France ». Il sait qu'il détient, entre les mains, lui comme tous ses concitoyens, un pouvoir fort : celui d'accélérer la reconstruction de la base industrielle France.

Consommateurs privés, acheteurs publics

Les acheteurs publics disposent eux aussi d'un tel pouvoir. L'acheteur public au sens large, si l'on regroupe l'État central, les municipalités, les conseils généraux et régionaux, l'ensemble des établissements publics y compris de Sécurité sociale comme les hôpitaux, est le premier consommateur de France. La rénovation du palais de justice à Bordeaux, de l'hôpital de Sarlat, l'équipement d'une école de musique à Aubagne, les 30 600 véhicules de la Police nationale, l'uniforme des 17 500 douaniers, le mobilier des 64 850 écoles, collèges et lycées, le renouvellement des millions d'ordinateurs de l'administration sont quelques exemples des 437 000 marchés publics annuels[1]. Il existe donc un mégaconsommateur public, déployé sur tout le territoire, qui achète des biens et des services pour plus de 100 milliards d'euros chaque année. Un megaménage qui, à lui tout seul, dépenserait l'équivalent annuel de 5 millions de personnes.

Que peut-on attendre de ces acheteurs publics ? Faut-il les considérer comme n'importe quel acheteur privé ? Doivent-ils appliquer, brute de décoffrage, la doctrine de la concurrence ? Doit-on au contraire pondérer cette doctrine grâce à d'autres

1. Observatoire économique des marchés publics, février 2013 : http://www.economie.gouv.fr/daj/recensement-des-marches-publics-2011.

considérations ? Nos 80 % de compatriotes qui s'efforcent de faire exister l'intérêt industriel de la Nation à travers leurs achats quotidiens n'auraient-ils pas envie de voir l'État agir de même, qui plus est avec l'argent public issu de leurs impôts ? Nous pouvons le supposer, à défaut d'en avoir la preuve absolue. Comme nous voulons un État exemplaire en toutes choses, pourquoi, s'agissant des achats, ne le serait-il pas ? L'État consommateur a des valeurs à faire vivre comme le consommateur ordinaire veut faire exister les siennes.

Qu'attendre de l'État acheteur ? En premier lieu, qu'il soit intransigeant quant aux conflits d'intérêts et à la corruption. Les marchés publics n'ont pas à être le lieu des petits arrangements entre amis. La transparence doit être totale, l'honnêteté infaillible et la sanction impitoyable contre les déviants. Ensuite, il doit obtenir, pour les usagers de ces biens ou services une qualité qui, rapportée au prix, soit des plus raisonnables. Ne faut-il pas ainsi, et surtout, privilégier les produits robustes à longue durée de vie pour faire des économies, éviter d'encombrer l'atmosphère de CO_2 et épuiser nos ressources naturelles déjà rares ? N'est-il pas constructif de donner un avantage aux productions faites par des travailleurs dont les droits, les conditions de travail sont les meilleures ? Quelle tête ferions-nous si, demain, les bureaux d'école de nos enfants étaient issus du labeur pénible et très mal payé de travailleurs lointains, voire de la déforestation sauvage d'un pays où l'État peine à faire appliquer le respect de l'environnement ? Nous offririons aux enfants le spectacle de nos contradictions, enseignerions aux élèves le contraire de ce que nous faisons.

Poursuivons la liste de nos valeurs. N'est-il pas judicieux de promouvoir l'innovation dans l'achat public ? La France est une terre d'invention où de nombreuses entreprises, souvent de petite taille, mettent au point un nouveau procédé, un nouveau matériau, un nouvel objet. La Nation pourrait leur être un bon débouché de base, elle donnerait aux meilleurs de ces projets l'avenir qu'ils méritent. Enfin, puisqu'un produit renvoie à un territoire et à une carte, à une certaine vie sociale, à une histoire aussi, l'État acheteur ne devrait-il pas être son premier défenseur ?

L'ennui, c'est qu'à ce moment précis risquent de se dresser quelques hauts dirigeants de la Commission européenne qui regarderont ces projets de travers. Leur idéologie – obsessionnelle – étant de faire progresser la concurrence, tout ce qui pourrait venir la distordre ou la compromettre dans sa pureté, comme l'étiquetage Made in France, la prise en compte d'autres critères pour les achats publics, provoque chez eux de terribles poussées d'urticaire. Un simple coup d'œil aux statistiques de la Commission européenne révèle l'étendue du déséquilibre, montre comment l'Europe tire elle-même des balles dans ses 28 orteils.

Aux États-Unis, les marchés publics sont très fermés : 16,41 milliards d'euros seulement sont attribués aux entreprises non américaines. C'est encore un peu moins au Japon : juste 22 milliards d'euros captés par des entreprises non japonaises. En Europe, les vannes sont au contraire totalement ouvertes. Nos concurrents ont trouvé dans nos marchés publics un potentiel de taille : 312 milliards d'euros annuels. Un citoyen normal écrivant sur une feuille ces trois chiffres aurait vite compris que l'Europe est bel et bien l'idiote du village mondial. Pourquoi ? Parce que les continents concurrents n'appliquent pas la même règle du jeu, ce qui crée des déséquilibres entre les uns et les autres. Les uns étant des forteresses, les autres de vastes passoires.

Faisons un détour par les États-Unis, pays où le patriotisme économique et l'économie de marché vivent heureux tel un vieux couple, et où la société et l'État font cause commune. L'acte fondateur de la politique des marchés publics américain est l'œuvre du président Franklin D. Roosevelt : c'est le « Buy American Act », une loi qui permet d'imposer aux administrations de l'État fédéral ainsi qu'aux États fédérés d'acheter uniquement les productions localisées Made in America. Cet acte de souveraineté perdure. Les gouvernements successifs et le Congrès ont étendu le « Buy American » à un nombre considérable de secteurs, comme les transports routiers, les ports et aéroports, les transports en commun qui, dans le cadre des grands travaux, réservent les subventions publiques aux seules entreprises américaines. Plus tard est arrivé le « Small Business Act ». L'une de ses mesures est de réserver d'office une grande part des marchés publics aux PME américaines. En 2009, le président Barack Obama a fait adopter, lui, le « Buy American Provision », qui réserve aux seules entreprises américaines d'acier, d'aluminium, de métaux, le bénéfice des efforts budgétaires de l'État fédéral quant aux achats publics supplémentaires destinés à soutenir la croissance. Autant dire que le patriotisme économique en matière d'achat public aux États-Unis est une tradition culturelle. Les Américains ne s'en cachent pas et le portent d'ailleurs amoureusement en bandoulière. La réciprocité étant l'ami du bien, on pourrait attendre en retour un patriotisme européen de même usage et envergure.

Pourquoi seulement la culture ?

En fait, il n'y a guère que pour les industries culturelles que nous sommes capables, sans honte, avec force et honneur même, de ne pas suivre les saintes lois du marché mondialisé. Qu'est-ce donc cette exception culturelle que défend la France depuis toujours ? Une exception à quoi, au juste ? Précisément aux règles de la concurrence. C'est ce que veut dire la formule.

Pour lutter contre la concurrence uniquement destructrice, un pays, donc des hommes et des femmes, décide de faire exception et impose des règles différentes. Des règles qui permettent d'atteindre des objectifs économiques et artistiques qu'il juge impératifs. La concurrence est parfois acceptable, mais pas au-dessus de tout ce qui nous importe totalement. Nous avons toujours trouvé légitime de garder une production cinématographique française, pourquoi ne considérerions-nous pas de nouveau utile de garder un aluminium ou un acier français, si stratégiques pour l'automobile, l'aéronautique, l'emballage alimentaire, les constructions ?

À la différence de l'aluminium ou de l'acier, l'exception culturelle a organisé le maintien d'une forte activité de création et de production en France. Et les pays qui ne l'ont pas fait ont vu leur cinéma souffrir beaucoup et, parfois, quasiment disparaître. L'exception culturelle est donc l'exemple même de ce qu'un pays peut réussir pour ses créateurs et ses techniciens talentueux. Chaque fois que nous franchissons le seuil d'une salle de cinéma, nous soutenons le Made in France. Nous envoyons 11 % du prix du billet, même d'un film américain, qui échappe à l'exploitant de la salle, aux futurs producteurs de films français. C'est donc la production et la diffusion cinématographiques mondiales qui financent le soutien aux créateurs nationaux, via le Centre National de la Cinématographie, un établissement public qui distribue des aides et fait exister des films qui sans lui n'auraient sans doute jamais vu le jour. Dans ses missions se trouvent les valeurs auxquelles nous croyons et que le marché méconnaît : la diversité culturelle, l'originalité, l'impact sur l'emploi ou les dépenses réalisées localement.

Quel est le bilan de cette particularité ? Le cinéma du monde entier nous envie cette exception. À Cannes, au festival, le président du Jury Steven Spielberg a salué le rôle déterminant des règles à la française. Qu'on en juge : il y a eu 221 millions d'entrées en salle en 2012 dont 40 % pour des productions françaises, 1,4 milliard d'euros d'investissements pour plus de 200 films aidés par notre exception culturelle.

Nous avons donc eu triple fois raison de défendre bec et ongles cette exception contre les nombreux candidats à la liquidation du modèle français du cinéma. Mais pourquoi nos règles d'exception culturelle ne deviendraient-elles pas, un jour, une règle plus générale ? Et si la concurrence totale devenait, elle, une exception ? Je repense à ce tweet[1] du philosophe Michel Onfray : « Les gens de culture défendent le protectionnisme pour leurs boutiques. Quand les ouvriers le défendent, ils sont traités de lepénistes. »

Le combat continue

À la faveur de la crise, de l'insistance française, une prise de conscience émerge et s'installe. Mais rien n'est gagné pour autant. Nous avons engagé une reconquête des esprits, cette fameuse bataille culturelle contre nous-mêmes, dans nos propres têtes. La redécouverte du patriotisme économique, véritable attitude du quotidien, révolution dans nos mentalités, est à l'œuvre et progresse.

Combien de fois ai-je dû adresser des lettres désagréables à des patrons d'entreprises publiques ou d'établissements publics, inconscients, qui, au nom du travail bien fait ou d'une prétendue bonne gestion, décidaient de faire fabriquer la carte Vitale en Inde, de transférer un centre d'appel téléphonique en Afrique, de faire acheter par la Poste des centaines de scooters fabriqués à 10 000 kilomètres de chez nous. À leurs yeux, l'achat patriotique n'était pas une nécessité. Il est désormais connu qu'il doit le devenir.

1. 27 juin 2013.

Certes, le cadre juridique européen des marchés publics ne facilite pas nos affaires. Mais il y a des ouvertures. Ainsi, s'il interdit un achat en fonction de l'origine géographique, pour qui voudrait se donner la peine de bien le connaître, ce code laisse des espaces et des intervalles où nos valeurs peuvent enfin prendre vie. Car à l'exception des produits simples, identiques les uns aux autres, où l'acheteur public est quasi tenu de retenir le moins cher, il n'oblige pas formellement à considérer le prix comme critère dominant. L'acheteur public peut calibrer le cahier des charges de telle sorte que des considérations techniques, environnementales ou sociales deviennent des critères de sélection du marché public. Comme le souligne clairement la Cour de justice européenne : « Un critère dénué de caractère économique peut être de nature à déterminer la valeur de l'offre pour l'acheteur public. » Les acheteurs publics peuvent donc se rassurer sur les risques qu'ils prennent à laisser s'exprimer et épanouir leur fibre patriotique.

Il est grand temps qu'ils le sachent. À défaut, nous leur recommandons de prendre exemple sur leurs homologues allemands. L'un d'eux m'avait fait l'amitié de sa confidence. Il m'expliquait très librement qu'en Allemagne l'achat Made in Germany est culturellement inscrit dans les devoirs du citoyen placé dans une situation de choisir des produits pour la collectivité. « Je pense, me disait-il, qu'il ne viendrait à l'esprit d'aucun d'entre eux de faire pencher la balance du côté d'un produit étranger pour peu que l'Allemagne sache le produire de manière satisfaisante. Si cela devait tout de même arriver, je crois qu'il aurait à s'en expliquer et s'exposerait à des ennuis professionnels sérieux. On ne badine jamais avec le "Made in Germany" en Allemagne. » Je l'ai sincèrement remercié pour avoir livré la vérité cachée des choses et lui ai répondu que cette culture, de bon sens, s'était un peu endormie chez nous mais qu'elle venait de sonner son réveil.

Le réveil du Made in France unit la société française, la voit tout entière mobilisée, et doit associer à ces vues l'État acheteur. Tous, ensemble, croient de nouveau en leur pouvoir et décident d'orienter leurs choix en faveur de la base industrielle France. Véritable coup d'accélérateur à la reconstruction industrielle de notre pays, le mouvement de renaissance est en marche. Une marche à bas bruit, étouffée par le tintamarre de la crise financière de 2008 dont les effets se sont propagés comme une onde diffuse à toute l'économie, à nos entreprises, à nos investissements et à nos emplois. Un mouvement qui vient de loin, dépasse le cas français. Mais une cause qui existe, attire, fédère. Frédéric, Véronique, Mylène, Martine et Thomas, comme tous ceux qui en France leur ressemblent, sentent enfin le vent de l'espoir tourner.

Chapitre 3

Ce vent des relocalisations qui se lève

> Y en a qui disent que les Français
> Vivent d'amour et de vin frais
> Et que toutes les filles d'ici
> Habitent au Casino d'Paris
> Y en a qui pensent que le champagne
> Sort des gargouilles de Notre-Dame
> Et qu'entre deux Alka-Seltzer
> On s'balade la culotte en l'air
> À les entendre on croirait bien
> Qu'on est pinté tous les matins
> Mais voilà j'habite en France
> Et la France c'est pas du tout c'qu'on dit
> Si les Français se plaignent parfois
> C'est pas d'la gueule de bois
> C'est en France qu'il y a Paris
> Mais la France c'est aussi un pays
> Où y a quand même pas cinquante millions d'abrutis.
>
> Michel Sardou,
> « J'habite en France », 1970.

Pas besoin d'aller à l'autre bout du monde pour voir des choses extraordinaires. Ce matin-là, nous faisions route vers le site industriel occupé, pendant vingt ans, par Philips à Dreux, devenu une friche industrielle abandonnée trop longtemps. Aujourd'hui, cette friche revit.

Grâce notamment à Sylvain Loiselet, qui a décidé de renouer avec sa tradition familiale de petits entrepreneurs fondant le métal depuis 1850 à Nogent-le-Roi. Lorsqu'il a décidé, avec son fils, de rapatrier en Eure-et-Loir leur production réalisée depuis une dizaine d'années en Chine, personne n'y a cru. Il a fallu trouver un site – une partie de l'ancienne usine Philips de Dreux – et convaincre tous les partenaires financiers que c'était possible. Faisable de revoir en France une chose aussi extraordinaire que le métal en fusion couler ! Envisageable de penser qu'une fonderie puisse passer de 11 à près de 100 salariés. Réaliste d'avoir, en France, une entreprise de ce secteur compétitive.

Les Loiselet avaient fait leurs calculs. Il était possible, et économiquement rentable, d'investir dans des équipements ultra-modernes permettant de couler du métal de qualité dans l'Hexagone, notamment grâce à l'avantage de la proximité avec les consommateurs finaux. Car, avec les coûts en hausse de la main-d'œuvre chinoise, sa faible productivité, son insuffisante qualification, les tarifs de la matière première et de l'énergie moins élevés en Europe qu'en Chine, les coûts du transport international en hausse, la France n'avait pas à souffrir de la comparaison avec la Chine dans leur activité. Quant à la qualité, aux finitions, à l'inutilité de stocks de sécurité nécessaires liée à l'éloignement des usines, ils plaidaient tous pour cette relocalisation.

Résultat, l'entreprise fabrique aujourd'hui des pièces de fonte, du mobilier urbain en fonte, des plaques d'égout, des poids pour lester les tracteurs agricoles. Elle a reconstruit à Dreux un four de fusion électrique avec une capacité de 8 tonnes à l'heure, utilisant le prix avantageux de l'électricité française. Ont été aussi relocalisées des machines à mouler la fonte et des robots de finition qui diminuent le prix unitaire de chaque pièce. Soixante-seize emplois ont été créés. Et la société compte recruter encore d'ici à 2014.

Cette relocalisation en passe de devenir une *success story* est une leçon. Sans un État visionnaire et stratège ayant accompagné ces industriels courageux, rien n'aurait été possible. Car ce sont l'État, la Banque Publique d'Investissement, qui ont accordé des prêts… en lieu et place des banquiers défaillants. Et, aujourd'hui, le chiffre d'affaires est en forte hausse, les commandes affluent d'Italie, des États-Unis et de République tchèque.

Dans ce territoire marqué par la désespérance sociale et la montée des replis extrémistes, au milieu des jeunes embauchés fiers de leur travail, j'ai lancé aux micros des radios tendus vers moi un appel : « Bon sang, mais venez donc visiter cette fonderie relocalisée, ça vous donnera des idées ! » C'était un appel aux industriels mais surtout aux banquiers qui ne s'intéressent plus assez à l'économie concrète, réelle, enracinée dans les territoires.

Mon équipe et moi-même, bien que sachant cette journée du mardi 9 juillet 2013 très chargée, saluant cette résurrection, n'arrivions pas à quitter Dreux et nous sommes attardés, tant la visite de la fonderie était passionnante. Car ce mardi matin-là, nous vivions des choses extraordinaires. Nous avons vu une ambition devenir réalité et des jeunes ouvriers reprendre confiance.

Le temps est venu d'espérer puisque, après celui de la fuite des usines vers le reste du monde, sonne l'heure de leur retour sur le sol national. La relocalisation s'est mise en marche. Il s'agit d'un mouvement minoritaire, certes, mais il est prometteur. Notamment si nous savons l'accentuer et l'accélérer. À ceux qui se morfondent dans la désolation, à ceux qui se félicitent cyniquement des délocalisations, à ceux qui exigent des Français de se conformer à je ne sais quels modèles suédois ou allemand sur le ton du « Nous sommes mauvais, les autres ont su s'en sortir à force de sacrifices », je recommande d'utiliser leur énergie pour mieux observer le monde tel qu'il évolue réellement – si rudement. Car il n'est pas vrai que la tendance soit irréversible. Que ce que nous avons connu depuis le début des années 90 – un déménagement sans précédent des emplois et des technologies, suivi d'une destruction industrielle inimaginable – doive perdurer. Au contraire, il devrait laisser place à un cycle autrement plus positif puisque les conditions économiques changent à l'extérieur et que la France possède les forces de sa propre reconstruction.

Fenêtre ouverte sur la mondialisation

Des pays émergents qui poursuivent leur marche en avant, à pas forcé pour les travailleurs sans droit réel ni salaires décents, voilà une réalité qui marque les esprits. Chacun garde en effet en mémoire les scandales des ouvriers maltraités de Foxconn, le sous-traitant de nos Smartphone Apple en Chine ; chacun revoit les images insoutenables de l'effondrement d'un bâtiment abritant des ateliers de confection au Bangladesh qui a brutalement endeuillé près de 1 200 familles de travailleurs. Or, ces situations inhumaines seront bientôt des vestiges de ces sociétés émergentes actuellement en phase de mutation accélérée. Car nous savons mieux que quiconque ce qu'il advient d'un pays qui accumule des excédents, fait progresser sa production : un jour, le peuple finit par demander son dû ou provoque le chaos. De fait, le niveau des salaires et de la protection sociale dans ces pays a entamé une rapide ascension. L'écart salarial commence à se réduire spectaculairement, signifiant un processus de rattrapage des revenus salariés. En 2012, le salaire moyen en Chine a bondi de 17 % après une hausse de 18 % l'année précédente. Le 12e plan élaboré par le gouvernement chinois prévoit un programme de réduction des inégalités imposant désormais un salaire minimal au moins égal à 40 % du salaire annuel moyen d'ici à 2015. Il programme même l'arrivée de la protection sociale, et donc de son financement… Ce qui signifie que, depuis 2000, les salaires ont été multipliés en Chine par 4,5. Certes, une moyenne de 300 euros par mois est encore bien peu mais la dynamique à la hausse est enclenchée et rapide. La Chine, devenue en dix ans l'atelier du monde, le jardin d'Éden entrepreneurial où le travail est payé au tarif des nèfles, relèvera bientôt du paradis perdu pour les chasseurs de main-d'œuvre à très bas coût. La tectonique des plaques économiques déplace les centres de gravité de la mondialisation. Et les cartes sont en permanence redistribuées. Des entreprises chinoises côtières, où le prix du travail est trois fois plus élevé que la moyenne, se déplacent désormais vers les provinces du Centre, tandis que d'autres se délocalisent au Vietnam ou au Bangladesh.

Si le salaire n'est pas voué à demeurer la variable décisive dans les choix d'implantation de sites, c'est aussi parce que la robotisation, l'automatisation des processus de production diminuent la part de celui-ci dans le coût global. Dans certaines industries, celles qui produisent par exemple des biens électroniques, les coûts salariaux représentent tout au plus 10 % du coût global. C'est pourquoi mon équipe et moi avons la conviction qu'un jour, pas si lointain, nous fabriquerons de nouveau, en France et à grande échelle, téléviseurs et tablettes. C'est juste une question de temps. Car, enfin, nous pourrons compter sur les coûts de plus en plus élevés de l'éloignement : les transports mais aussi la logistique, la conservation et le stockage. Tous les experts qui analysent ce que pensent les consommateurs sont formels : les besoins exprimés peuvent changer rapidement, donc il faut s'adapter, et la qualité doit être de plus en plus irréprochable et constante. Ces exigences font de l'éloignement de la production un véritable casse-tête, surtout associé à des coûts sans cesse plus élevés, en somme de plus en plus inabordables. Comment réagir vite quand on produit en Chine et qu'on vend à Marseille ou à Lille ? Comment assurer une qualité constante quand on travaille avec un sous-traitant chinois ayant une interprétation parfois « libre » d'un cahier des charges ? Comment diminuer les coûts de transport et de logistique lorsque les prix de l'énergie n'en finissent pas de grimper ? Quand les droits de douane et les projets de taxe carbone fleurissent, à juste titre, partout dans le monde ?

Face à ces changements rapides, les industriels ont de quoi se demander si la délocalisation était une bonne idée. Faible capacité d'adaptation, coûts de surstockage, aléas de livraison, reprise de malfaçons, émissions de CO_2… le jeu en valait-il la chandelle ? En tout cas, l'éloignement oblige aujourd'hui à empiler des coûts qui finissent par rendre attractif le choix de la France. Nombre de chefs d'entreprise entrevoient désormais que rapprocher la production des consommateurs présente des avantages indéniables. Et les plus réactifs ont déjà entamé cette stratégie de retour. Ils ont fait « le choix de la France ».

La démondialisation en actes

Il faut lire les rapports austères qui décrivent les changements profonds affectant aujourd'hui le commerce international. Les lire avec gourmandise même, tant ils recensent les gains concrets dont peuvent bénéficier les entreprises incitées à relocaliser en Europe en prenant les devants sur leurs concurrents.

Un rapport d'analyse d'Euler Hermes[1], célèbre compagnie d'assurance-crédit, paru en avril 2013, proclamait : « Après le "tout globalisation", nous constatons un virage vers une plus forte régionalisation. » Et ce notamment dans des activités très concurrentielles : le jouet, les lunettes, le matériel de sport… Dans un langage plus clair, cela signifie que les lieux de production se rapprochent de plus en plus des lieux de consommation. Ainsi, ce que les Chinois ou les Américains consomment est produit de plus en plus sur les continents asiatique ou américain. Ce que les Européens consomment, est de plus en plus produit sur le continent européen. En somme, la démondialisation s'installe progressivement dans les faits. Ou, pour le dire autrement, émerge un rétrécissement de la mondialisation.

Les avantages comparatifs en faveur de l'Europe et de la France augmentent parce que les coûts changent, parce que les exigences de la production évoluent, poste par poste, dans les savoir-faire, la qualité de la main-d'œuvre, la maîtrise technique, l'automatisation, la performance logistique, les coûts de transport, le contrôle qualité, la capacité d'adaptation à la demande, la stabilité politique et juridique du pays, la qualité de ses infrastructures. Les calculs de rentabilité vieux de dix ans sont donc à jeter aux orties. Mais depuis quand nos entreprises ayant délocalisé n'ont-elles pas refait ces calculs ?

1. « Identification des nouvelles opportunités du commerce mondial : De la Route de la Soie à celle des tablettes », Euler Hermes, 23 avril 2013.

Le cas d'une entreprise n'est sans doute pas universellement transposable ou généralisable, mais l'exemple des skis Rossignol s'avère suffisamment édifiant pour interpeller la plupart des entrepreneurs.

La scène se passe à Bercy. Les diapositives défilent sur l'écran du centre de conférences Pierre-Mendès-France. Les dirigeants de Rossignol exposent avec clarté leurs choix stratégiques et je vois percer, au détour de leurs explications, la pointe de fierté qui illumine le visage de ceux ayant compris avant les autres les infléchissements économiques en marche : avoir le bon timing dans les décisions, faire ce que les concurrents et confrères n'ont pas encore osé ; voilà le talent des vrais décideurs. Pour eux, cette inflexion stratégique s'est produite en 2009. Quand Rossignol a choisi de ramener sa production sur ses sites français. Et de rapatrier de Taïwan la production de skis junior pour la relocaliser à Sallanches, en Haute-Savoie. Et ce en deux étapes : après 75 000 paires de ski haut de gamme pour dames, relocalisés en 2011, 20 000 skis juniors l'ont été en 2013. Les dirigeants n'ont pas agi à la légère. Ils ont eu la force d'esprit de ne pas céder aux fausses évidences, au gain facile et immédiat qui s'épuise vite. Ils ont pris le temps de la réflexion à long terme, le temps du calcul global prenant en compte l'impact environnemental. L'économie de 40 000 kilos équivalent de CO_2 ; les effets positifs incalculables du rapprochement géographique de leurs efforts de recherche-développement vers les sites de production ; le transport et les frais de douane économisés soit

8 % du coût, presque l'équivalent du total des coûts salariaux ; la capacité à réaliser rapidement des petites séries… autant d'arguments qui les ont décidés. Pour Rossignol, les calculs sont sans appel : quand il en coûte 100 de produire une paire de ski junior à Taïwan, il en coûte 85 – soit 15 de moins ! – dans l'usine de Sallanches.

Ce genre de réussite peut se décliner dans le secteur du jouet ou l'équipement de la personne. Ces industries, attaquées et affaiblies dans la mondialisation déloyale, ont survécu pour certaines, organisé leur survie et leur résistance. Aujourd'hui, les voici qui décident de réinstaller certaines lignes de production en France. Smoby dans le Jura bien sûr comme on l'a vu, mais aussi Vulli et sa célèbre girafe à Rumilly en Haute-Savoie, Falk à Oyonnax dans l'Ain, Jouécabois à Saint-Lunaire en Ille-et-Vilaine, Joustra à Trun dans l'Orne. Autant de sociétés démontrant à d'autres entreprises que la reconstruction progressive de notre base industrielle en France est possible.

Mais la relocalisation réclame une convergence de tous les efforts. Et de la volonté. Affaire délicate, elle demande le soutien des salariés, des actionnaires et des partenaires extérieurs, impose une alliance de toutes les forces productives. Il en va dans l'entreprise parfois comme dans la vie : sans accompagnement d'une banque, point de salut. Ou plutôt si, un seul : l'État. Souvent, trop souvent des entreprises se heurtent à la frilosité des banques privées. Elles se tournent alors vers leur territoire, leur région, mais aussi, et c'est une nouveauté de ce quinquennat, vers la Banque Publique d'Investissement. On fustige souvent l'État mais on devrait se raviser et se demander : qui, en France, est encore capable de prêter pour moins cher, plus longtemps et parfois en assumant plus de risque ? L'État.

Pour évoquer ce mouvement de relocalisation ou de mise en avant de notre savoir-faire, je pourrais raconter d'autres mouvements similaires : les chaussettes Kindy dans l'Oise, les boxers, slips et maillots de corps Éminence à Aymargues dans le Gard, la vaisselle Geneviève Lethu, les chariots Caddie à Drusenheim dans le Bas-Rhin ou les carrés Hermès… L'histoire commune de ces entreprises ? Toutes ont fait le choix de la France. Dix cas ne font pas une généralité, mais ils résonnent comme des preuves concrètes criant dans l'oreille des consciences assoupies : « C'est possible ! » Ils sont les symboles mobilisateurs d'une reconquête et d'une renaissance.

La force des symboles

Le désir collectif du Made in France est un levier qui ne rentre dans aucune feuille de calcul. Pourtant, les dirigeants d'entreprises m'en parlent comme d'un second moteur de la relocalisation, invisible mais réel. Il est devenu un combat partagé, un beau projet pour tous les Français, et se transformera en extraordinaire aventure collective. Notre société, bien qu'individualiste, laisse suffisamment d'espace aux projets que chacun peut soutenir et partager.

Le Made in France a ses symboles. Et l'un d'eux va revenir sur notre territoire. Maurice Goudard et Marcel Mennesson, tous les deux nés à la fin du XIXe siècle, diplômés de l'École Centrale, auraient raison de nous en vouloir de passer sous silence le retour en France de leur invention géniale, géniale de technique, géniale de longévité, géniale de popularité et d'émotion collective : le Solex. Avec un nouveau design, une motricité essence ou électrique, une légèreté inégalée, leur engin remet ses roues sur nos routes. Pour y être vendu à grande échelle, mais surtout produit sur place après une escapade lointaine. Comme les banques privées – qui ont perdu des milliards dans les *subprimes* – ne veulent pas financer ce projet auquel elles ne croient guère – réinventer Solex en rachetant une petite usine normande en difficulté –, il reste à trouver le financement dans le secteur bancaire alternatif. La Banque Publique d'Investissement est au rendez-vous. Le symbole est fort.

Dans l'ordre des symboles, en voici un autre, géant, celui-là : Renault, épopée fabuleuse appartenant à l'histoire de France. Durant les dernières années, Renault s'est internationalisée, a noué une alliance réussie avec un grand constructeur japonais, Nissan, formant l'un des plus grands constructeurs mondiaux, groupe parti à la conquête de tous les continents. Mais, au même moment, l'ex-Régie a déserté la France. Ses usines célèbres ont été vidées, remplacées par des unités installées dans d'autres régions du monde au coût du travail beaucoup moins élevé. Si bien qu'une grande part de la production destinée à notre marché domestique a migré vers les pays *low cost*. Résultat, seulement un quart de la production Renault est désormais fabriqué sur notre territoire. Ce divorce ne pouvait pas durer ; d'autant que l'État et les contribuables français détiennent encore 15 % des actions de Renault, qui dispose elle-même d'environ 43 % des actions de Nissan. Mon seul message à destination du patron de Renault, Carlos Ghosn, fut, comme ministre-actionnaire, de lui dire : « Revenez en France, car Renault ne peut être absent de ce combat en faveur du Made in France. »

Est-il besoin de rappeler la grave crise qui ébranle la construction automobile ? Une crise liée à la croissance quasi nulle, à la récession constatée dans la majeure partie des pays membres de l'Union, à la mutation d'une filière qui doit se réinventer autour de l'hybride, de la voiture électrique, des moteurs consommant moins de 2 litres aux 100 kilomètres, de l'automobile connectée au réseau, voire du véhicule autonome et sans chauffeur ? En tout cas, nous avons la responsabilité de préparer l'avenir, et surtout dans ces périodes de grandes difficultés. Face à l'incertitude, nous nous tenons prêts et nous préparons le rebond. Car, dans l'industrie, nul ne peut laisser dépérir et vieillir des outils industriels et, avec eux, s'étioler des technologies, s'évaporer des compétences accumulées au fil du temps. La comparaison la plus éclairante est celle d'un arbre malmené mais en bonne santé, un arbre stoppé net dans sa croissance à cause d'une mauvaise tempête. Combien de temps faut-il pour retrouver un arbre à l'identique ? Des années.

L'outil industriel lui ressemble. Aussi ne faut-il pas l'abandonner. Ni le transplanter ailleurs.

L'accord conclu chez Renault entre les syndicats et la direction, au début 2013, est historique parce qu'une majorité de syndicats, représentant 65 % des salariés, s'est rassemblée autour d'un impératif : faire que chez Renault il n'y ait pas d'arbres à abattre en France. Autrement dit, pas de fermeture de sites, pas de licenciements. Mieux, réussir le retour de Renault en France, avec un programme de relocalisation de plus de 200 000 véhicules construits et assemblés dans nos usines. En 2002, Renault produisait 2 170 000 véhicules[1] dans le monde, dont 1 340 000 en France, soit 62 %. En 2012, sur 2 637 528 véhicules[2] produits dans le monde, seulement 532 470[3] sont désormais fabriqués en France soit 20 %. Ce retour validé se traduira par une remontée, en 2016, à 720 000 véhicules. Il y a dix ans, Renault s'était porté au secours de Nissan, constructeur japonais très mal en point. Aujourd'hui, Nissan fait à son tour le choix de la France en confiant à l'usine de Flins, dans les Yvelines, la production annuelle de 82 000 Micra dès 2016. Lorsque Carlos Ghosn et moi sommes allés l'annoncer aux ouvriers et ingénieurs de Flins, le président de Renault-Nissan a déclaré que, avec les efforts accomplis sur les coûts

1. Éditions annuelles de « L'industrie automobile française – Analyse et statistiques », CCFA.

2. Atlas Renault, Édition mars 2013.

3. Tableau de bord automobile CCFA, édition n° 33, pour l'année 2012.

de production, Renault était parvenu à convaincre Nissan de produire chez nous plutôt qu'en Inde. Il a ajouté que Nissan n'était pas une association à caractère philanthropique et n'avait fait aucun cadeau, ni octroyé la moindre aumône à Renault ou à la France. C'était une décision rationnelle, prise après étude des coûts de production français et des efforts accomplis par tous.

Cet accord, auquel je me suis intéressé de très près comme ministre-actionnaire, et dont je dus me mêler en cherchant à rapprocher les points de vue des syndicats et de la direction, manifeste le retour de Renault en France, mais aussi son entrée dans la bataille du Made in France. J'ai donc été heureux de remercier les ouvriers, ingénieurs, cadres et dirigeants de Renault-Nissan pour les efforts qu'ils consentaient, à savoir un gel des salaires en échange de primes indexées sur la performance de l'entreprise, et une remontée jusqu'à 35 heures avec une réorganisation du temps de travail usine par usine afin d'améliorer les coûts de production. Cet accord exprime, à mes yeux, l'intelligence du compromis et de l'alliance trouvée entre les forces productives lorsqu'il s'agit de l'outil de production. Une alliance qui permettra de remporter la bataille du Made in France.

La cogestion comme inspiration ?

S'il existe une source d'inspiration allemande pour la France, c'est leur tradition de cogestion. De quoi s'agit-il ? D'une alliance entre les forces productives du quotidien au sein des entreprises.

Une alliance où le patronat assume la responsabilité sociale et où les syndicats assument la responsabilité économique.

Cette cogestion, née après la guerre, fut rendue possible dans ce pays par la répartition plus équilibrée que chez nous des pouvoirs de décision dans l'entreprise, dès que l'on touche à l'outil de production et à la vie sociale interne. La codétermination n'est pas une gentillette formule consensuelle à l'eau tiède, un décorum pour masquer ce que nous connaissons en France, l'extrême concentration des pouvoirs aux mains de présidents-directeurs généraux. Depuis plus de cinquante ans, les entreprises allemandes ont élaboré des règles rendant inévitable la discussion entre salariés et dirigeants. Une discussion permanente, parfois houleuse, difficile, mais inévitable par avis de tempête comme par beau temps. C'est une codétermination, ou cogestion, rempart aux déséquilibres causés par l'expression des bons vouloirs des uns et des autres. C'est ainsi que les salariés sont largement présents aux conseils de surveillance et qu'ils participent évidemment aux votes. Selon les branches, de 30 à 50 % des sièges leur sont destinés, sans qu'ils aient l'obligation d'être actionnaires. En Allemagne, les salariés sont légitimes à entrer dans les instances de contrôle. Les projets de développement technologique, les changements d'organisation du travail, les investissements doivent donc souvent obtenir l'accord des salariés et des actionnaires présents au conseil de surveillance. Le directoire de l'entreprise, et notamment le P.-D.G. qui assure la gestion opérationnelle, ne peut faire cavalier seul, laisser ses actionnaires et salariés dans un état de sous-information. Parce que les salariés, au moins autant que les actionnaires, tiennent à leur outil de travail, au devenir de leur entreprise, ils orientent les choix vers l'investissement et le long terme. Ils sont les pare-feu des stratégies aventureuses, des coups d'éclat, de cette recherche de la rentabilité maximale – et à court terme mortifère, d'une approche purement financière telle qu'elle prévaut parfois ailleurs.

Les néolibéraux aiment fustiger les coûts salariaux en France pour expliquer par A + B notre manque de compétitivité. Ils aiment mettre en valeur le fameux « modèle » allemand. Soit. Mais c'est oublier que la réussite industrielle de ce pays est directement liée au choix d'un capitalisme anti-financier, qui préfère défendre l'outil industriel plutôt que les intérêts financiers des actionnaires. L'alliance des forces productives est passée, en Allemagne, par des solutions de codétermination : limiter le pouvoir du P.-D.G., limiter la concentration du pouvoir dans l'entreprise. Les ouvriers, les techniciens et les ingénieurs ont l'esprit clair quand il s'agit de construire l'avenir industriel de leur entreprise. Donnez-leur un morceau de pouvoir pour construire, avec les dirigeants et les actionnaires, les compromis nécessaires à l'intérêt des entreprises, et ils y adhèrent avec enthousiasme. Tel est le secret de la compétitivité de l'économie allemande sur le long terme. Tel est, aussi, l'un des leviers puissants de la relocalisation industrielle.

Par malheur, je crains que ce genre d'idée, comme cet exemple, ne tombe dans le trou noir du conservatisme français. Pour les tenants duquel l'outil industriel doit d'abord cracher du cash et vite, et n'accorder aucun droit de regard à personne ni aller en sens contraire. La démocratie économique dans l'entreprise, le copartage des décisions stratégiques, relève, pour eux, de fabulettes. Le partage du pouvoir est même une idée qui les rebute. Ils ont tort, car c'est la clé de l'unité dans l'entreprise autour de l'outil de travail, unité qui permet d'affronter les difficultés lorsqu'elles surviennent. C'est grâce à cela que les Allemands ont conservé tous leurs outils industriels dans la crise pendant que nous, Français, les abandonnions le plus souvent dans la plus grande inconscience.

Voilà pourquoi nous avons décidé de franchir une première étape. Désormais, la loi de sécurisation de l'emploi impose de faire entrer un ou deux représentants des salariés dans les conseils d'administration de plus de 5 000 salariés. Beaucoup de chemin reste à parcourir, mais la cogestion à l'allemande nous inspire car elle est une invitation à reconstruire autrement l'industrie française. Elle est une des plus belles armes du redressement productif, une de nos stratégies pour gagner la bataille du Made in France.

« Let's bring our jobs back home ! »

S'il est encore besoin de se rassurer quant à la légitimité d'un sursaut patriotique en faveur de l'industrie, regardons au-delà de l'océan. Aux

États-Unis aussi, le vent se lève. Le « reshoring », traduction de relocalisation, est devenu le leitmotiv de Barack Obama et de toute la société civile américaine. Dans ses discours de campagne de 2012, le président lança vers l'Amérique profonde un slogan fort : « Let's bring our jobs back home », « Ramenons nos emplois à la maison. » En période de crise et après deux décennies de désindustrialisation, le peuple américain démontra une capacité de mobilisation patriotique sans égale. Et le pouvoir politique relaya cette volonté dans des actions de défense et de promotion du Made in America.

C'est donc encore une idée fausse que de croire qu'en Amérique le marché a définitivement remplacé la patrie. Aux États-Unis, terre du libéralisme économique, le protectionnisme ne choque personne. Il est congénital, même banal et populaire. Il est un instrument pragmatique et efficace pour répondre à la concurrence déloyale, un outil pour protéger l'industrie existante et faire revenir sur place les usines expatriées à l'étranger.

La méthode américaine est toujours la même : taxer les importations avec des droits de douane élevés dignes d'un remède de cheval, et discuter après. Les Américains ne sont pas naïfs. Ils savent créer et assumer les rapports de force. Nous, Européens, pas assez. Nos amis américains ont ainsi inventé le concept hautement politique de « secteur stratégique ». Ils décident donc souverainement des activités jugées primordiales et stratégiques parce que déterminantes pour leur nation. Ce n'est pas le marché qui qualifie telle ou telle activité de stratégique, c'est le choix de l'État fédéral au nom des intérêts de la nation. La décision est bien politique. S'y mêlent d'ailleurs des raisons économiques aussi bien que des arguments militaires ou de sécurité intérieure. Ainsi, les activités portuaires, aéronautiques, les énergies renouvelables comme le secret des télécommunications sont jugés stratégiques. Au final, il s'agit d'exprimer la souveraineté politique et donc économique d'une nation, parce que celle-ci, une fois vidée de ses forces productives, aurait perdu sa souveraineté.

En 2012, les Américains n'ont éprouvé aucun état d'âme pour, unilatéralement, ériger une taxe allant de 18,3 à 250 % sur les panneaux photovoltaïques, une autre de 47,6 à 70,6 % sur les infrastructures éoliennes chinoises, et mettre en place une interdiction d'importation pour des raisons de sécurité rendant quasi impossible l'accès du marché des infrastructures de télécommunications aux géants chinois Huaweï et Zte.

Le protectionnisme est donc, outre-Atlantique, un levier, même s'il ne fait pas tout. Entre aussi en ligne de compte la volonté politique d'un président déterminé, comme Barack Obama l'exprima dans son discours annuel sur l'état de l'Union devant le Congrès des États-Unis : « Je ne veux pas que l'Amérique soit une nation assimilée à la spéculation financière et à la dette accumulée en achetant des choses aux autres nations. Je veux que nous soyons identifiés à la production et à la vente dans le monde entier de produits fièrement estampillés de ces trois mots : Made in America. »

La société américaine elle-même s'est emparée du credo Made in America comme on ne peut l'imaginer ici. Des citoyens, des entrepreneurs, des universitaires se rassemblent pour la « Reshoring Initiative », « Mouvement pour les relocalisations ». À l'origine de ce mouvement sociétal, il y a Harry Moser, un industriel à la retraite, qui lança le slogan « Bringing manufacturing back home », « Ramenons les usines en Amérique ». Cet opiniâtre parcourt le territoire américain d'État en État, d'entreprise en entreprise, de forum en forum et agrège les gens, les bonnes volontés et les savoirs utiles pour sensibiliser les industriels aux moyens de relocaliser, pour délivrer les meilleurs conseils permettant de faire revenir une activité. L'engouement est tel, la démarche si utile, qu'il a reçu le soutien officiel d'Obama et du département du Commerce américain. « Ne demandez pas ce que votre pays peut faire pour vous mais ce que vous pouvez faire pour votre pays », proclamait le président Kennedy. Une maxime souvent mise en application par ses concitoyens d'aujourd'hui.

Il existe une vraie mobilisation autour du Made in America ; pourquoi n'existerait-elle pas en France ? D'autant qu'aux États-Unis cette alliance en faveur de la cause industrielle commence à porter ses fruits : Apple, pour la première fois, ramène des activités à Fremont en Californie. Le prochain Smartphone Motorola sera assemblé au Texas. Barack Obama a annoncé pendant sa campagne que 50 000 emplois industriels ont été relocalisés entre 2010 et 2011. 37 % des entreprises industrielles américaines sondées en 2012 ont, dans leurs cartons, un projet de relocalisation totale ou partielle. C'est le chantier qu'avec mon équipe nous avons décidé d'ouvrir pour ramener les producteurs au Made in France.

Bruxelles en retard

L'apparition nouvelle et désordonnée de taxes douanières dans le monde fait écho au combat que nous devons mener pour réinstaller ces droits de douane aux frontières en Europe. Objectif : nous mettre au même niveau de protection que les autres régions du monde. Ce protectionnisme raisonnable et modéré, intelligent et tempéré, qualifié par les fabricants de novlangue politique de « juste échange », je m'active, chaque jour, à convaincre nos partenaires européens de sa nécessité et de son urgence. C'est une lutte difficile, mais qui progresse comme une évidence.

Car, avec des droits de douane aux frontières, nous changeons tous les calculs de coûts des entreprises, lesquelles retrouvent alors de l'intérêt à relocaliser. Par des droits de douane réinstallés progressivement aux frontières européennes, nous disons au reste du monde : « Venez vendre ici vos produits, vos technologies ; s'ils sont de qualité, les Européens les choisiront. Mais si vous souhaitez échapper aux taxes aux frontières, vous n'avez qu'une solution : venir les produire en France. »

Quel dirigeant ne souhaite pas échapper à des taxes ? Quand ce qu'il était rentable de produire ailleurs devient soudain plus cher, donc quand notre territoire devient plus attractif, pourquoi ne pas y revenir ? Cette stratégie, la plupart des pays d'Amérique du Sud, à l'instar du Brésil, l'ont choisie. C'est en quelque sorte la prime donnée à ceux qui choisissent de produire dans le pays où ils veulent vendre.

Aussi nous aimerions voir l'Union européenne engager cette bataille. Une bataille pour lutter contre notre faiblesse mais surtout contre la croyance entretenue sur cette prétendue faiblesse. L'Union se pense toute petite, plus petite qu'elle ne l'est. Faut-il rappeler que l'UE est la première puissance économique du monde ? Vérité qu'il serait bon de se répéter chaque matin au petit-déjeuner, vérité à faire sienne sans complexe de supériorité mais avec une assurance devenue nécessaire ! Faut-il redire que la France et l'Allemagne, à elles deux, représentent 90 % de la richesse totale de la Chine ? Ce chiffre étonne, mais il prouve combien nous devons nous voir tels que nous sommes et prendre conscience de notre force. L'UE est donc légitime pour négocier à la loyale – mais à la dure –, pour créer chez elle les conditions de sa réindustrialisation, pour protéger les secteurs stratégiques qui lui sont essentiels, pour faire barrage au commerce déloyal.

À Bruxelles, j'ai décidé de réinvestir la politique européenne si importante pour le redressement de notre appareil productif. Jamais je ne manque un conseil compétitivité. Pourquoi ? Parce que nous avons des idées à défendre, des propositions à faire, et de l'innovation politique à produire. La présence, la constance, la répétition et l'activisme sont les clés bruxelloises pour convaincre et emporter l'adhésion. J'ai déjà convaincu mes homologues de faire de ces conseils compétitivité des réunions où les ministres viennent vraiment, où ils ne se laissent plus représenter par des fonctionnaires, d'en faire donc des réunions politiques.

En toute franchise, Bruxelles je m'en méfiais avant d'y représenter le gouvernement comme ministre en charge de l'Industrie. Depuis que j'y vais, et y couche même, pour défendre nos intérêts, c'est différent : je m'en accable et m'en désole. Nous sommes vingt-huit autour de la table. Avez-vous déjà essayé, dans vos réunions de famille, de vous mettre d'accord à l'unanimité quand il y a vingt-huit personnes ? Impossible. Rigoureusement impossible. À Bruxelles, ça l'est tout autant. D'ailleurs, l'Union est paralysée. Les décisions mettent des mois et des années à accoucher. Les compromis sont souvent de lourdes déceptions pour tous les gouvernements et des mesures incompréhensibles pour les populations. Disons-le tout net : nous sommes trop nombreux autour de la table. Il faudrait rétrécir d'urgence l'Union, ou à tout le moins rétrécir les circuits de ses décisions.

J'admets que les choses bougent. De façon homéopathique malheureusement, mais elles commencent à bouger. Notamment parce que le ton monte autour de la table des ministres de l'Industrie.

La Commission européenne est sans cesse accusée, à juste titre, de laisser nos intérêts industriels sans protection, l'Union étant ouverte à 99,7 %, quand tous nos concurrents se servent de leur monnaie, de leurs frontières et des droits de douane pour défendre leurs productions. Les « naïfs du village mondial », à savoir les membres de l'Union européenne, par idéologie stupide de libre-échange, laissent la Commission nous désarmer dans une guerre économique qui ne dit pas son nom. Quand tous les autres se protègent, nous restons la passoire de la mondialisation déloyale. Mais les protestations commencent à s'élever, parfois à fuser. Je me souviens de déjeuners informels avec des ministres de l'Industrie autour des commissaires européens qui se faisaient poliment réprimander par de plus en plus d'entre nous.

Le commissaire chargé de la Politique commerciale avec l'extérieur, c'est-à-dire des droits de douane, est un ultralibéral, assez faiblement considéré dans son pays, la Belgique. Karel de Gucht prend souvent le parti du « ne jamais rien faire » contre la liberté des échanges dans la mondialisation qu'il vénère. Même cet intégriste du libre-échange a été obligé d'accepter de prendre des mesures de taxation sur les importations en provenance de Chine, sur la porcelaine et la céramique, sur les aciers spéciaux, ainsi que sur les panneaux photovoltaïques. Des décisions qui constituent un premier pas, mais qui sont arrivées trop tard, tant nos industries européennes ont eu le temps de se faire scalper par le dumping chinois. On voit donc tout le chemin qui reste à parcourir pour mettre l'Europe retardataire au niveau du reste du monde. Il faut déployer des trésors de rhétorique et d'éristique pour faire bouger ce monstre sourd, aveugle et froid. C'est pourquoi nous avons décidé de mener le combat en France, depuis la France, puisqu'on ne peut compter ni sur l'intelligence ni sur la réactivité de l'Union européenne.

La France en avance : « Colbert 2.0 »

Jean-Baptiste Colbert fut un grand ministre de Louis XIV, l'homme qui décida de faire de l'économie un pilier de la grandeur de la France. Des décisions politiques et domestiques mises exclusivement au service de la puissance économique, avec pour but ultime de rendre le pays plus riche, ainsi pourrions-nous résumer son action.

Il multiplia l'ouverture des manufactures afin de produire dans le royaume ce qui était nécessaire aux besoins des Français. Pour accroître la force productive, il consulta chaque port et chaque ville industrielle, y fit désigner des notables qu'il transforma en conseillers chargés de lui donner leur avis sur la façon dont il convenait de remplacer les produits importés par des productions manufacturées sur le territoire royal. Colbert écrivait en 1664 qu'il voulait se mettre « en état de se passer de recourir aux étrangers pour les choses nécessaires à l'usage et à la commodité de nos sujets ». Il a engagé le royaume sur le chemin de la souveraineté économique. J'y vois le précurseur du Made in France.

En 1664 et 1666, il installa de nombreuses manufactures royales. L'une des plus célèbres fut la manufacture des glaces, devenue après la Révolution la Compagnie des glaces, aujourd'hui mondialement connue sous le nom de Saint-Gobain. Il créa également les manufactures de bas de soie, de savons, de tapisseries, de dentelles, de rubans, de draps, de porcelaine, de rames et de tabacs. Il inventa la Compagnie royale des mines et fonderies du Languedoc ainsi que le Magasin royal des armes. Il dota la France d'un appareil productif complet. Autrement dit toutes sortes de productions qui, pour certaines, ont perduré. Il fit aussi venir des brûleurs de goudron de Suède, des drapiers de Hollande, des producteurs de glaces de Venise et des maîtres ferblantiers d'Allemagne. La France a donc commencé sa première révolution industrielle à la fin du XVIIe siècle. En recourant à des méthodes pionnières d'action de l'État pour créer ou rapatrier sur son territoire des activités productives. Aujourd'hui, c'est ce que nous appelons les relocalisations.

C'est en souvenir et en hommage à l'action du grand Colbert que nous avons créé le logiciel de relocalisation « Colbert 2.0 ». À partir d'un échantillon de trente entreprises ayant fait le choix de relocaliser, nous avons construit, avec les meilleures équipes, un outil d'aide à la relocalisation. En quarante-huit questions confidentielles, un dirigeant peut calculer ou évaluer son potentiel de relocalisation. Colbert 2.0, c'est l'optimisation des sites français parce qu'ils ne travaillent pas à 100 % de leur possibilité, c'est la réduction des coûts cachés tels que les transports et la logistique, c'est aussi le repositionnement des gammes de produits vers des séries plus courtes à plus forte valeur ajoutée, c'est la valorisation en communication de la production française et enfin c'est une meilleure immersion dans un écosystème créatif et productif, c'est-à-dire l'ensemble des partenaires qui aide l'entreprise à développer ses produits.

Mais, au final, c'est surtout un message d'optimisme que nous envoyons aux dirigeants, salariés et actionnaires. En leur proposant de lutter contre le préjugé maladif, et persistant, selon lequel la délocalisation est aussi inévitable que naturelle, presque un principe de vie, nous disons avec un porte-voix : « Colbert 2.0 est à votre disposition. Vingt-deux interlocuteurs uniques, un dans chaque région, vont vous épauler, vous diriger vers les bons interlocuteurs, les bons bassins d'emplois, lieux où vous trouverez les bonnes compétences, les bonnes infrastructures, un foncier accessible. Ils vont vous simplifier la vie et raccourcir les procédures, vous aideront à convaincre les banques de vous aider, et si celles-ci sont défaillantes, la Banque Publique d'Investissement prendra le relais pour entrer dans votre capital ou vous prêter de l'argent à bon loyer… L'État est désormais là, à vos côtés, comme il ne l'avait plus été depuis longtemps. »

L'État, il faudra le réarmer encore et encore après des années d'effacement et de sourde disparition. On le voit : le Made in France a besoin de l'État et l'État a besoin du Made in France. Colbert l'a inventé et nous réinventons Colbert à travers cette nouvelle bataille essentielle.

Chapitre 4

Les sans-culottes de la troisième révolution industrielle

> « Messieurs, vous vous demandez, sans doute, si cet appareil, merveilleusement approprié pour la locomotion aérienne, est susceptible de recevoir une plus grande vitesse ? Il ne serait pas digne de conquérir l'espace s'il était incapable de le dévorer. J'ai voulu que l'air fût pour moi un point d'appui solide, et il l'est. Nul besoin de voiles pour m'entraîner, ni de rames ni de roues pour me pousser, ni de rails pour me faire un chemin plus rapide. De l'air, et c'est tout. De l'air qui m'entoure ainsi que l'eau entoure le bateau sous-marin, et dans lequel mes propulseurs se vissent comme les hélices d'un steamer. Voilà comment j'ai résolu le problème de l'aviation. »
>
> Jules Verne,
> *Robur-le-Conquérant*, 1886.

Qui connaît Bertin Nahum, Français né à Dakar en 1969, originaire du Bénin ? Ingénieur de l'Institut National des Sciences Appliquées de

Lyon, Bertin se passionne pour la robotique. Comme des centaines d'autres en France, il déploie toute son énergie et son temps à sa passion. Il pense que l'altérité crée le mouvement comme dans les océans : le courant, c'est la rencontre d'une eau chaude et d'une eau froide. Juste après ses études, il rencontre d'excellents chirurgiens auxquels il rêve d'apporter sa science de la robotique. Nous sommes alors au milieu des années 90. En 2012, la revue canadienne *Discovery Series* le classe parmi les dix entrepreneurs high-tech les plus révolutionnaires du monde derrière Steve Jobs ou Mark Zuckerberg, le fondateur de Facebook. Bertin, avec ses équipes de la société Medtech basée à Montpellier, vient de créer Rosa, un robot dévoué au chirurgien qu'il guide et aide lors de biopsies, d'implantations d'électrodes ou d'interventions chirurgicales neurologiques à crâne ouvert. Un logiciel embarqué sur Rosa effectue la cartographie de la boîte crânienne avec la précision d'un GPS, le tout rendu sur un écran tactile haute définition, avec une imagerie parfaite. Le bras de Rosa accompagne le geste du médecin au millimètre près pour une intervention sécurisée et optimale. Rosa a plus de 600 opérations à son compteur à Paris, Rome, Pékin, Montréal ou Cleveland. Bientôt, Rosa sera accompagné d'une sœur dédiée aux chirurgies de la colonne vertébrale. Superbes réussites.

Pour Bertin Nahum, la France sera l'un des leaders dans le domaine du numérique et de la mécanique appliqués à la médecine. Pourquoi ? Parce qu'elle possède les meilleurs ingénieurs et les meilleurs médecins. Faites-les se rencontrer, donnez-leur un peu d'argent si nécessaire, persuadez-les de travailler avec des commerciaux qui connaissent souvent mieux le marché et les besoins et nous aurons de belles réussites, professe-t-il. Voilà ce que pense et dit ce révolutionnaire de l'industrie qui change nos vies et participe à la bataille du Made in France.

Aux grandes marées d'équinoxe, sur plusieurs centaines de mètres de large, le courant galope à plus de 12 nœuds soit à plus de 22 km/h. Chaque jour au raz Blanchard, entre la pointe du Cotentin et l'île anglo-normande d'Aurigny, la force du courant liée au cycle des marées déplace une énergie énorme qui circule de part et d'autre. Avec 16 mètres de diamètre, soit la hauteur d'un immeuble de cinq étages, mille tonnes, soit le poids de quatre-vingt-quatre camions semi-remorques, voici une turbine issue d'une technologie irlandaise Openhydro avec des pales en résine et un énorme tripode. La turbine a été réalisée à Lorient. Et DCNS, groupe naval de défense détenu majoritairement par l'État et le groupe Thalès, présente son hydrolienne géante. Le projet est d'envergure autant que formidable : DCNS a fait le pari de la turbine sous-marine pour produire une énergie propre, abondante et prévisible. Trente hydroliennes posées au fond du raz Blanchard, c'est l'équivalent de la production d'un réacteur de centrale nucléaire. DCNS a établi la carte mondiale des sites à haut potentiel. Selon Patrick Boissier, son patron, nous pourrions tirer des courants des mers et des océans 90 gigawatts. Soit la production d'une cinquantaine de centrales nucléaires. Pour ce faire, nous avons des milliers d'hydroliennes comme celles fabriquées à Lorient. DCNS espère sortir 1 milliard d'euros de chiffre d'affaires des courants marins avant 2018. Voilà une autre entreprise ultra créative, à capitaux publics, qui participe aussi, avec talent et brio, à la révolution industrielle en France.

Le royaume des ONFI[1]

Ils sont nombreux, fourmillent d'idées neuves et de projets étincelants. Hérauts inconnus du Made in France, ils sont restés, comme les chrétiens des catacombes, silencieux et muets sous les pas des légions romaines de l'économie financière en crise. Mais les voici qui se lèvent ; ils ont traversé bien des obstacles, ont vécu leur aventure humaine, technologique, financière et ont survécu. Ils inventent le monde nouveau. C'est pourquoi nous avons décidé de leur donner la parole, de les mettre sur scène.

À Bercy, nous avons cassé les murs, monté une scène pour celles et ceux qui, chaque mois, viennent présenter leur histoire créative, souvent extraordinaire, devant un quasi-millier de personnes de tous âges qui se pressent librement pour écouter les créateurs de ces objets, inventions et produits innovants dont la réalité industrielle dépasse l'imagination. Avec mon équipe, nous les avons appelés les Objets de la Nouvelle France Industrielle, les

1. Objets de la Nouvelle France Industrielle.

ONFI. Le succès est tel, l'affluence si surprenante que nous avons décidé de propager l'amour des ONFI dans les grandes villes de province. Cette séance est devenue un moment de rêve, pour celles et ceux qui l'ont accompli et viennent le raconter, comme pour celles et ceux, à l'instar de mon équipe et de moi-même, qui veulent les partager. Les ONFI sont surtout en passe de se transformer en objets de culte, car leurs créateurs doivent devenir à nos yeux les modèles d'une société capable d'adorer ses inventeurs. Ces créateurs d'industries, de produits et surtout ces créateurs d'emplois en France sont les révolutionnaires d'aujourd'hui, les sans-culottes de la troisième révolution industrielle.

Benjamin, trente-deux ans, est jeune et cultive l'humour. L'air cool : tennis, jean et veste bien coupée, loin de l'iconographie classique du chef d'entreprise. Il donne à voir un désir de bien faire, de mener sa barque sans en faire des tonnes. Il ne sait pas si son business sera une réussite, n'affiche pas l'arrogance des prétentieux. Il a partagé son intuition voilà quelques années avec trois amis de promotion de leur école d'ingénieurs, et tous ont fondé à Toulouse une petite société qui imagine, dessine, fabrique et fait voler des drones civils. « La boîte va bien, les voyants sont au vert mais c'est dans quatre ou cinq ans que l'on pourra savoir si nous avons fait les bons choix, dit-il. Pour le moment, l'une de nos grandes fiertés est d'avoir pour la première fois au monde obtenu de l'administration un certificat de vol dans l'espace aérien civil français. Nos drones peuvent observer, collecter et analyser des informations d'une mine au Chili à 4 000 mètres d'altitude, de champs éoliens off-shore, des espaces agricoles pour évaluer l'état des sols, la maturité des cultures… La France n'est donc pas en retard, mais pas en avance. Ce que je peux vous dire, c'est qu'elle a tout ce qu'il faut pour réussir ce que l'on nomme parfois la troisième révolution industrielle. »

La France a en effet des ingénieurs, des techniciens, un goût de la découverte, des infrastructures, une passion des sciences, une puissante histoire et géographie industrielle. Mais la production change aujourd'hui de visage. « Avec mes trois amis, poursuit Benjamin, on est un peu la première génération du phénomène des « makers » Made in France, ces fabricants inventeurs grâce à l'appui des nouvelles technologies numériques. Avec elles, l'esprit de coopération règne entre les développeurs, et chacun d'entre nous, avec ses désirs et un peu d'argent, peut devenir un producteur à part entière. Dans les ateliers collectifs où sont rassemblées des imprimantes trois dimensions qui fabriquent des prototypes, des logiciels puissants de conception, des lieux où s'échangent des idées aussi, les individus deviennent des producteurs. On est entre le bricolage, l'invention et l'industrie. On est dans des ateliers de prototypage, comme nous l'avons fait pour notre drone, où avec peu de capital on peut aller très loin dans l'innovation. »

Pour eux, le drone à usage civil est une filière d'avenir. Maintenant que la Direction générale de l'aviation civile leur autorise des vols de longue portée et de longue durée, l'avenir peut s'ouvrir en grand. Truffé d'appareils d'observation et de mesures, le drone peut survoler les zones à risques pour l'homme (un incendie) ou difficile d'accès (plate-forme off-shore), mesurer la teneur en eau d'un sol agricole, informer quant à la maturité des plantations, repérer des incidents de lignes électriques, estimer le potentiel d'une carrière ou repérer des gens ensevelis sous la neige…

Benjamin est fier de présenter sa première maquette fabriquée dans l'arrière-cour d'une maison familiale, un prototype qui n'avait pas fonctionné comme prévu, et ensuite une seconde, plus réussie, depuis devenue le DT 18 de la société Delair-Tech installée à Toulouse, qui, désormais, se vend et s'industrialise. Ce sans-culotte bien culotté prend sa part dans la bataille du Made in France. Sans l'État qui lui a donné le droit de tester grandeur nature et d'exploiter industriellement ses drones, il aurait abandonné. Ou se serait peut-être expatrié. Quel gâchis c'eût été.

Les révolutionnaires de l'imprimante 3D

Parmi ces révolutionnaires du Made in France, l'un des plus étonnants s'appelle Raphaël Gorgé. Il est venu nous raconter son aventure lors de la quatrième édition des ONFI. Sur scène, il nous a expliqué le sens de la révolution industrielle en train de s'accomplir en France :

« Ce soir, je vais vous parler de l'impression 3D, débute-t-il. Le groupe Gorgé que je dirige vient de racheter la seule entreprise française qui conçoit et fabrique des imprimantes 3D. Nous sommes une entreprise innovante, de haute technologie, qui conçoit des robots sous-marins et terrestres. Mon père a créé l'entreprise il y a vingt-cinq ans, je m'en occupe depuis huit ans. Il s'agit d'une ETI, entreprise de taille intermédiaire, qui emploie 1 300 personnes dont 95 % des effectifs sont en France. Nous sommes cotés en Bourse, le Fonds stratégique d'investissement est présent dans notre capital. Vous voyez donc que les ETI existent en France : une entreprise industrielle, familiale, de taille intermédiaire, exportatrice… Il n'y en a pas qu'en Allemagne !

J'ai eu, en mars dernier, un appel d'un conseiller du cabinet du ministre, qui nous proposait de nous intéresser à une entreprise française produisant des imprimantes 3D qui risquait d'être rachetée par un concurrent américain. L'entreprise n'avait qu'un seul salarié et l'opération coûtait cinq millions d'euros. Il fallait se décider avant la fin du mois… Et, pour couronner le tout, je devais aller la visiter la semaine suivante, pendant les cinq jours de vacances que je passais avec ma famille ! »

Mais à quoi sert cette technologie ? « Les imprimantes 3D sont aujourd'hui très connues pour leurs applications personnelles, raconte Raphaël Gorgé. Ces imprimantes coûtent quelques milliers d'euros et permettent d'imprimer de petites formes en résine, des coques de Smartphone, du design, des petites pièces détachées, des figurines, des gadgets. En fait, l'impression 3D existe depuis beaucoup plus longtemps. Cela s'appelle le prototypage rapide. La technique la plus connue est la séréolithographie. Elle consiste à fabriquer une pièce unique, couche après couche, à partir d'un fichier informatique, en faisant polymériser, c'est-à-dire faire durcir de la résine grâce à l'énergie lumineuse d'un laser. Cette pièce est fabriquée directement, en une seule étape. La technique, hélas, donne des pièces qui ont certes la géométrie voulue, mais pas forcément la précision et la qualité nécessaires. Et puis, surtout, cette séréo-lithographie ne parvient pas à progresser car elle comporte des inconvénients : elle est lente, coûteuse et utilise un laser fragile qu'il faut changer toutes les dix mille heures. »

Que faire alors ? « Inventer autre chose. L'innovation a été de remplacer ce laser par la combinaison d'une diode et d'un vidéoprojecteur. Ainsi, au lieu d'avoir un seul point, ponctuel, vous avez deux millions de pixels qui sont polymérisés en une seule fois. Aujourd'hui, nous avons donc acquis la meilleure imprimante 3D du monde. La plus précise et la plus rapide. Nous n'avons pas ici, pour fabriquer une pièce différente, d'étapes d'usinage, pas de polissage, pas de transformations successives. On a directement, en une seule étape, la pièce définitive. Il s'agit d'une révolution : nous passons du prototypage rapide à la fabrication rapide. Aujourd'hui, pour obtenir une pièce avec la même précision, la meilleure machine mondiale met douze heures. Une imprimante 3D Phidias permet de fabriquer quatre-vingts pièces uniques en sept heures, c'est-à-dire cinq minutes par pièce. »

Dans quel secteur utiliser cette découverte ? « Les applications principales aujourd'hui de nos imprimantes sont dans le domaine dentaire, la réalisation de mâchoires en résine qui viennent remplacer les modèles en plâtre, poursuit ce révolutionnaire. Cela permet de remplacer le désagrément de la prise d'empreintes en silicone par le dentiste. Il scanne directement la mâchoire, envoie le fichier à l'imprimante. On peut ainsi fabriquer en même temps plusieurs mâchoires différentes. Si 20 % des dentistes s'équipent, on évalue les besoins à environ trois millions de modèles par an, ce qui signifie dix mille modèles par jour. Nous sommes donc là, réellement, dans une production industrielle. »

Les modes de production sont donc en passe d'être bouleversés. Désormais, nous pouvons tous accéder à la fabrication de pièces uniques ou de petites séries, quasiment à la demande, avec l'allégement des contraintes de stockage, des contraintes logistiques, des contraintes de conditionnement. La révolution que nous sommes en train de vivre, cette nouvelle approche pourrait bien, finalement, bouleverser l'intégralité de nos productions. Dans son discours sur l'état de l'Union, le président Barack Obama déclarait, devant le Congrès rassemblé des États-Unis, le 12 février 2013 dernier : « Notre priorité absolue est de faire des États-Unis un pôle d'attraction pour l'emploi et l'industrie. Il y a certaines mesures que nous pouvons prendre dès maintenant pour accélérer cette tendance. L'année dernière, nous avons créé notre premier institut de l'innovation industrielle à Youngstown, dans l'Ohio. Un entrepôt désaffecté a été transformé en laboratoire dernier cri où de nouveaux travailleurs maîtrisent les procédés de l'impression 3D, qui promet de révolutionner presque tous nos processus de fabrication. Il n'y a aucune raison que cela ne se produise pas dans d'autres villes. Ce soir, je vous annonce donc le lancement de trois autres de ces pôles industriels, où des entreprises travailleront en partenariat avec les ministères de la Défense et de l'Énergie pour transformer des régions laissées-pour-compte de la mondialisation en centres internationaux de métiers de pointe. » Les États-Unis investissent au plus haut niveau et massivement dans l'impression 3D ; croit-on que ce soit pour fabriquer des cocottes en papier ? La France n'est pas en reste. Elle a fait le choix de saisir sa chance.

Le Made in France va ainsi se démocratiser à une échelle qu'on a du mal à imaginer encore. C'est plus qu'une révolution technique. Ce n'est pas l'école qui se rapprochera de l'entreprise, c'est l'entreprise qui sera organisée et gérée comme un campus universitaire. À Toulouse se trouve le plus grand « fablab » – atelier de fabrication numérique – d'Europe. Partout, dans les métropoles, dans des zones moins urbaines, des start-up se créent sur la base des technologies numériques. En France, nous avons donc bel et bien tout ce qu'il faut pour réussir la troisième révolution industrielle qui commence.

La révolution numérique

La mobilisation de la société autour de son appareil productif n'est en rien un repli facile niant les exigences de la réalité, puisque nous savons que le monde change au rythme de l'évolution des techniques. De nouvelles générations de travailleurs, de mieux en mieux formés, et parmi eux des entrepreneurs, tombés tout petits dans la marmite numérique, nous promettent des objets nouveaux capables de changer nos vies.

Le numérique, indépassable pour créer les objets de demain, a libéré les jeunes gens des lourdeurs des grosses entreprises. Combien de nouvelles sociétés, de start-up, sont-elles nées de réunions informelles d'étudiants amis, de la rencontre dans un atelier improvisé entre un ingénieur mécanique et un apprenti médecin ? Le numérique démultiplie les possibilités d'usage d'un objet, d'un projet, d'une idée : une friteuse devient un accessoire intelligent relié aux autres appareils de la maison ; une automobile devient un centre de services ; l'électricité de mille éoliennes individuelles sur le toit des fermes agricoles est gérée au millimètre, panachée avec la production de nos centrales électronucléaires. Le numérique réinvente le commerce, les services, l'automobile, la production et la distribution de l'énergie, et tant d'autres outils de la vie quotidienne. L'innovation appliquée et le prototypage – autrefois très onéreux et réservé aux grandes entreprises, aux élites mieux renseignées pour lever des fonds – deviennent accessibles à des porteurs de projets ayant peu d'argent en poche. Le numérique renforce ainsi le pouvoir du plus grand nombre. Parce qu'il réduit le besoin en capital, il démocratise l'entreprenariat. Il bouleverse aussi nos vieux codes, ceux du temps où l'économie n'était que principalement matérielle.

La jeune génération qui plante les graines de la forêt à venir n'a pas peur du partage. Elle sait que la conception d'un algorithme, le développement d'une application sont le fruit de l'échange et de la mutualisation des informations. La « concurrence collaborative » de développeurs informatiques à travers le monde devient une norme efficace pour créer.

C'est à eux aussi que nous disons : « Portez haut le Made in France, n'ayez pas peur, investissez et développez vos projets, qu'ils soient petits ou grands. La France est une terre hospitalière pour les aventuriers de votre genre. Elle l'a prouvé et démontré à maintes reprises. Car en France nous avons la passion de la politique, nous avons celle de la liberté créatrice tout en cultivant celle de l'égalité, c'est-à-dire la capacité pour chacun de s'arracher à sa condition initiale, familiale, personnelle. C'est sur cette double passion que reposent, dans les profondeurs enfouies de notre histoire, une tradition et une épopée économique extraordinaire. À la passion de la politique, ajoutons celles de la création, de l'invention et de l'industrie. La Liberté, l'Égalité et la Fraternité rivalisent ainsi avec la Créativité. »

La BPI, banque de la révolution industrielle

Ces exemples de la troisième révolution industrielle, la France en regorge. Nous avons le devoir de les célébrer à leur juste valeur. Et pas seulement l'État, dont on verra qu'il joue discrètement mais sûrement son rôle de grand associé, mais la société tout entière. Traders à haute fréquence et gestionnaires de fonds spéculatifs internationaux, descendez de l'estrade France et laissez place aux inventeurs de la nouvelle France industrielle !

Depuis vingt ans, la finance, son cortège de *hedge funds*, d'agences de notation, ses incessantes sautes d'humeurs et mises en danger dont plus personne n'accepte les ressorts, bref tous ces métiers de la finance aux rémunérations insolentes sont devenus des centres d'intérêt excessifs si on prend en compte celles et ceux qui réinventent l'économie réelle. Le Made in France, parce qu'il s'accommode très mal du modèle libéral financier, réclame de la société une attention prioritaire à cette économie réelle. L'intérêt de l'entrepreneur doit désormais primer sur celui du financier. L'État ne sera donc plus coupable de privilégier les seconds par rapport aux premiers.

Mon action et ce vers quoi convergent nos efforts depuis plus d'un an ont un objectif clair : délivrer l'économie concrète et réelle de sa dépendance à la finance autant que faire se peut. Lentement, sûrement, l'État redevient le grand frère associé des entrepreneurs, et non plus celui des spéculateurs.

Sur mon bureau, j'ai une pile qui n'en finit plus de grimper de projets futés et innovants sélectionnés par la Banque Publique d'Investissement, dont le métier n'est pas de faire un maximum d'argent mais un maximum de réussites industrielles. Le point commun entre ces mille et une histoires de la troisième révolution industrielle ? Avoir trouvé, à un moment, l'État pour les accompagner. Une avance remboursable, un prêt à taux bonifié, une subvention, une entrée au capital pour amener des fonds propres, voilà les options. Les jeunes arbres dont on fait des forêts n'ont pas peur de l'État. Ils l'apprécient. Demandent son soutien. Et l'État ne veut pas se substituer à eux. Au contraire, son rôle est de les protéger, d'être le vent dans leurs voiles, de les accueillir comme ils le méritent. La Banque Publique d'Investissement, ce bras de l'État tendu vers les entreprises, est l'antidote aux pratiques financières délétères des banques privées qui ne veulent plus exercer leur métier originel pourtant si utile : financer le développement de l'économie réelle. La BPI, au contraire, se veut au rendez-vous de la troisième révolution industrielle du prototype à l'amorçage, puis à la source du développement industriel jusqu'à l'internationalisation. La mobilité décarbonée, la ville intelligente, les textiles high-tech, le stockage de l'énergie, le confort domestique, les matériaux innovants, les biotechnologies et bien d'autres encore seront ses terrains privilégiés d'intervention.

Qu'avons-nous décidé pour cet établissement dont j'aime à dire qu'il n'est pas une banque vraiment comme les autres ? Nous avons construit avec son conseil d'administration, sous le contrôle du Parlement qui en est le premier auteur, une doctrine concernant l'usage des 42 milliards d'euros que le gouvernement et la Caisse des dépôts et consignations lui ont confiés.

La BPI devra être plus patiente et accompagner sur le long terme la croissance, la prise de poids et l'évolution lente des entreprises qui ne parviennent plus à obtenir le soutien fidèle du secteur bancaire, et s'en plaignent désormais ouvertement. Elle devra aussi, elle qui attire la curiosité de nos partenaires européens tentés à leur tour d'en créer une à leur main, être moins gourmande, accepter moins d'excès de rentabilité que les banques privées présentes sur le marché. Lesquelles, en sus d'avoir souvent oublié leur rôle d'analyste clinique des entreprises leur demandant un financement, rejettent les risques et exigent des rentabilités excessives. Ce qui, après les dizaines de milliards perdus dans la crise des *subprimes*, ne manque pas de mettre du sel sur les plaies encore ouvertes de la crise.

Nos dispositions nous ont conduits à définir des niveaux de rétribution moyenne de la BPI équivalant à ceux de la banque postale, soit plus près de 4 % que de 7 à 12 %, autrement dit les niveaux de rémunération actuels des placements en fonds propres du système financier dans l'économie. Parmi les excès de coûts de production qui nous handicapent dans la compétition mondiale, celui du capital, comme celui du travail et celui de l'énergie doivent être diminués le plus possible afin de soutenir cette renaissance industrielle du Made in France. Ce sera le rôle décisif de cette banque, un bien commun désormais précieux car appartenant à tous les Français. Elle sera la banque de la révolution industrielle, un lieu amoureux du risque, soutenant l'audace, la créativité et l'innovation. Ainsi, la BPI se transformera en bras armé du redressement dans la bataille, déjà commencée, du Made in France.

Chapitre 5

LE RETOUR DE L'ÉTAT

« Faites quelque chose, et si ça ne réussit pas, essayez autre chose. »

Franklin D. Roosevelt, Président des États-Unis, discours de 1939.

Tout est né d'une inspiration de Roosevelt, ce grand président des États-Unis qui réinventa tout à la fois l'action publique, refonda la pensée économique et réenchanta l'imaginaire des Américains après le terrible effondrement de la crise de 1929, sœur jumelle de celle de 2008. Lorsque le Président de la République, François Hollande, m'appela, en ce jour ensoleillé de mai 2012, pour me proposer d'être le ministre en charge du « Redressement productif », je lui fis immédiatement remarquer que si le ministère s'appelait « redressement industriel » les Français comprendraient peut-être mieux mon action. Il répondit que mon champ d'action devait être le plus large possible et viser le redressement de tout l'appareil productif. En plus des attributions habituelles du Ministre de l'Industrie et des Mines, il me donna donc une nouvelle force de frappe en me confiant la cotutelle de l'Agence des participations de l'État. Cinquante milliards de participations dans les entreprises publiques, semi-publiques ou à participations minoritaires, ainsi que le Comité interministériel des restructurations industrielles qui réorganisent les plus grosses entreprises en difficulté du pays. En vérité, le Président tirait son inspiration des grands programmes de renouveau industriel de Roosevelt. Dans mon viseur, et pour cinq ans, le redressement productif avec donc, entre autres figures tutélaires, ce grand président américain.

Genèse d'un ministère

Les primaires ouvertes aux citoyens, qui avaient abouti à la désignation de François Hollande, avaient déjà permis de remettre au cœur du débat l'industrie et l'appareil productif, secteur méprisé et abandonné durant les années du sarkozysme, secteur englouti par la crise de 2008 dont l'Europe ne s'est toujours pas remise. François Hollande avait imaginé, dans sa candidature aux primaires, de proposer un « pacte productif ». J'avais, à travers ma candidature, avancé un programme de « renouveau productif » tout aussi rooseveltien. Notre alliance au second tour des primaires a donc débouché sur l'édification de l'un des piliers de la campagne du candidat Hollande : le « patriotisme économique ».

Et c'est de cette façon que je me suis trouvé à la tête d'un des rares ministères dont l'intitulé comprend une obligation de résultat : redresser l'appareil productif.

Quel étrange pays que les États-Unis, terre de nos inspirations croisées et mutuelles ! Enraciné dans le terreau du libéralisme politique et économique, voici un pays qui célèbre la réussite individuelle au service du capitalisme roi. Les Américains ont la passion du marché, comme nous pouvons avoir celle de l'égalité, et affichent une défiance certaine envers l'État. Chaque extension de prérogatives de l'État fédéral est vécue comme un *casus belli* par nombre d'Américains, au premier rang desquels le Parti républicain et les membres des Tea-Party, ces groupuscules extrémistes qui colportent la haine de l'État, de la protection sociale, de l'intervention publique. Leurs idées rappellent beaucoup le maccarthysme des années 1950, où toute personne considérée « étatiste » était immédiatement accusée de communisme, donc de haute trahison ! Cette défiance n'a jamais été aussi fortement exprimée que sous les mandats de Ronald Reagan entre 1981 et 1989. « L'État n'est pas la solution à nos problèmes… L'État est le problème », assenait-il.

Aussi, Barack Obama fit une vraie révolution lorsque, le 1er juin 2009, il annonça la nationalisation temporaire du groupe General Motors, fleuron de l'industrie automobile nationale qui employait plus de 250 000 personnes dans le monde et se trouvait au bord du gouffre. L'idée souleva-t-elle l'opinion ? Nullement. Dans ce pays où l'idéologie dominante est le refus de l'État, la nationalisation temporaire est considérée comme une arme économique qu'il n'est pas incongru ni rare d'employer. Et de nombreux précédents en attestent : AIG, Fannie Mae, Freddie Mac… pour les seules années 2008 et 2009. Sans oublier, et c'est un symbole, la Continental Illinois National Bank, nationalisée sous… Ronald Reagan.

Loin des clichés, les États-Unis revendiquent une tradition interventionniste et volontariste lorsqu'il s'agit de préserver certains actifs clés de leur économie et de leur industrie. Un interventionnisme empreint d'une grande lucidité économique et d'une forte ambition patriotique, avec comme horizon constant le maintien au premier rang du jeu économique mondial. En temps de crise, les États-Unis démontrent bel et bien une capacité d'action radicale libérée des idéologies.

Face aux grandes crises qu'ils ont pu traverser, 1929 et 2008, les Américains ont toujours fait preuve d'un pragmatisme radical, où l'obtention du résultat est la seule religion qui vaille, où peu importent les moyens employés. L'incarnation la plus évidente de ce pragmatisme-là est évidemment l'action et la personnalité du président Franklin Delano Roosevelt. Confronté aux 13 millions de personnes ayant perdu leur emploi après le « Black Thursday » d'octobre 1929, cet homme décida d'organiser le sauvetage de l'économie américaine avec une volonté qui fit date. Au moment où il prononçait son discours d'investiture, le 4 mars 1933, il ne savait pas encore, techniquement, quelles mesures il prendrait pour remettre sur pied l'économie américaine. Il donna un cap, ouvrit des voies comme celles de l'emploi public ou des grands travaux, mais démontra surtout une conscience aiguë de la profondeur du mal qui frappait l'économie et afficha un volontarisme exceptionnel pour tenter d'y répondre. Face à la gravité de la crise, il appela à la mobilisation de la nation tout entière, histoire d'accompagner les mesures radicales que l'exécutif et le Congrès devraient prendre. Tout étant devenu possible, le président nouvellement élu ne s'interdisait rien. Mieux, il prôna l'audace pour affronter la peur qui tétanisait alors la société américaine : « La seule chose dont nous devons avoir peur est la peur elle-même, l'indéfinissable, la déraisonnable, l'injustifiable terreur qui paralyse les efforts nécessaires pour convertir la déroute en marche en avant. » Son activité de président fut, ensuite, guidée par un seul principe, l'efficacité mise au service des Américains, et ce au mépris des doctrines et idéologies si promptes à étouffer l'action publique.

Durant les premières semaines de son mandat, Roosevelt prit une série de mesures efficaces, qu'on considérerait aujourd'hui comme d'extrême gauche : le Glass-Steagall Act sur le champ bancaire, le National Industrial Recovery Act (NIRA) dans le domaine industriel et la hausse du taux d'imposition des plus riches dans le champ fiscal. Le Glass-Steagall Act de juin 1933 a purement et simplement introduit la séparation des activités de banque de dépôt et de banque d'investissement ; soit un acte autrement plus ambitieux que la plupart des réformes bancaires votées dans les pays du G20 depuis 2008. Le NIRA, bien que censuré par la Cour suprême en 1935, a introduit de son côté des changements d'ampleur dans l'industrie à travers l'instauration d'une planification économique, d'un salaire minimum et d'une réduction du temps de travail. Il a également permis la création de la plus grande entreprise industrielle publique de l'histoire américaine : la Tennessee Vallee Authority, qui a entrepris des grands travaux dont certains d'aménagement dans la vallée de la rivière Tennessee. Enfin, gardons en mémoire que le président Roosevelt a fait passer, dès son arrivée, le taux d'imposition des plus aisés (1 million de dollars d'aujourd'hui) de 25 à 63 %. Taux qui a augmenté par la suite pour passer à 79 % en 1936 et à 91 % en 1941. 91 % d'impôts entre 1941 et 1964 pour les plus aisés aux États-Unis, un taux maintenu par ses successeurs aussi bien démocrates que républicains. De quoi relativiser les cris d'orfraies poussés et entendus à l'annonce du relèvement exceptionnel, et temporaire, du taux d'imposition des contribuables français à 75 % lors de la campagne présidentielle de François Hollande…

Les États-Unis ont donc démontré, à cette époque, leur remarquable capacité d'adaptation aux situations économiques et industrielles. Derrière des déclarations politiques très idéologiques, on observe même une pratique économique rusée. Ainsi le président le plus keynésien de l'après guerre par son recours aux dépenses publiques ne fut autre que… Ronald Reagan. Le Prix Nobel d'économie Paul Krugman rappelle ainsi que les dépenses de l'État américain par habitant étaient, en 1984, 14,4 % plus élevées que celles observées au début du mandat de Ronald Reagan. Bien qu'il défendît l'idée d'un « État minimal » se cantonnant aux fonctions régaliennes, ce dernier eut donc massivement recours aux dépenses publiques, en particulier militaires, ces dernières ayant une forte capacité d'entraînement sur le reste de l'économie. Parce qu'il fallait entraîner l'économie et réveiller la croissance, il n'hésita pas !

Le pompier de service

En arrivant au ministère du Redressement productif, j'avais, moi aussi, la conviction qu'il fallait ne plus se laisser faire. Si les libéraux qui nous avaient précédés s'intéressaient rarement aux entreprises qui vont mal ; s'ils décrétaient souvent le lâcher-prise, comme on décide d'abandonner en pleine mer un navire avec ses avaries ; s'ils considéraient comme une perte de temps l'énergie utilisée à sauver une entreprise qui s'affaisse, croyant à une forme de darwinisme du business qui pousserait à l'élimination des espèces faibles pour préserver les fortes, seules destinées à survivre, je visais tout autre chose. Car cette « loi » ne s'est jamais vérifiée dans l'histoire de l'espèce humaine, surtout depuis les progrès accomplis par la médecine. C'était donc un peu comme si on décidait d'abattre d'autorité les personnes se présentant malades aux urgences, afin de ne soigner que celles en bonne santé. Or, il en va de même pour les entreprises. S'il n'est pas possible de les sauver toutes, il est néanmoins nécessaire – et efficace – de travailler à leur survie, leur relance et, parfois, leur rebond.

Au nom de cette survie, de ce rebond, de ce refus de l'abandon, j'ai constitué une *task force* – la cellule restructuration, tout entière mobilisée à l'endiguement des plans sociaux, à la sauvegarde de nos outils industriels et à la « fin du laisser-faire ».

La bataille du Made in France ne peut s'accommoder d'indifférence, surtout quand meurent, faute de médecins et de soins, les savoir-faire, les technologies qu'il a fallu des années à faire émerger, les brevets et les compétences qui vont avec.

Devant l'urgence et la multiplication des plans sociaux partout en France – qu'il s'agisse de grands dossiers nationaux, d'entreprises d'importance régionale en difficulté ou de petites entreprises qu'on dit « invisibles » et qui meurent en silence parce que personne ne s'intéresse à leur sort –, j'ai décrété une nouvelle organisation de la lutte contre l'abandon des entreprises en difficulté.

Notre stratégie est celle d'une résistance directement inspirée de l'expérience allemande. En 2008, pour empêcher l'arrêt cardiaque de leur économie, les Allemands se sont mobilisés autour du maintien de l'appareil productif. À chaque fois qu'une entreprise perdait du chiffre d'affaires dans des proportions de nature à compromettre son activité, les pouvoirs publics ont financé le maintien de l'outil de travail et des contrats de travail à travers du chômage partiel. La méthode, qui a coûté 6 milliards d'euros chaque année, comportait un risque puisque les sociétés en péril pouvaient ne pas repartir et engloutir, en disparaissant, les fonds injectés, mais elle a fonctionné car il s'agissait d'un affaissement conjoncturel. Et ce alors que la France, à l'époque, appliquait le théorème de Darwin. « Si les entreprises souffrent et perdent leurs clients, c'est parce qu'elles se sont éliminées d'elles-mêmes, condamnées par le marché », entendait-on. À tort. Résultat, la France a recouru au chômage partiel de façon trop homéopathique, laissant les entreprises fermer, licencier ou délocaliser. Ce goût pour le licenciement, pour la débâcle industrielle, pour l'abandon et l'indifférence étant une maladie bien française, j'ai décidé de le combattre.

Notre méthode ? S'organiser pour ratisser le territoire, être présents et capables de répondre à toute entreprise en difficulté, quelle que soit sa taille. Car un emploi sauvé – ne serait-ce qu'un – constitue toujours une victoire. L'objectif ? Ne laisser personne sur le bord de la route, sans réponse de l'État et chercher dans toutes les situations une solution. Quelles promesses faisons-nous ? Aucune, car nous ne serions pas capables de les tenir. Mais nous promettons, que dis-je, nous engageons à nous battre pour apporter l'appui de l'État à la recherche de solutions.

Qu'est-ce qu'une entreprise en difficulté ? C'est une entreprise qui manque de ressources. Pour certaines, rien d'impossible dès lors qu'il existe des perspectives de progression : elle a des clients, des technologies et des brevets, malgré un marché en baisse. Pour d'autres, trouver des ressources à injecter n'a pas de sens si la société n'a aucune chance de se relever. C'est le cas où sa gestion est irrémédiablement compromise, où ses technologies sont dépassées, où plus personne ne croit dans son avenir car les clients sont passés à la concurrence. Dans le premier cas, on restructure et on cherche à sauver le maximum d'emplois, car on sait que l'usine repartira ; dans l'autre, comme on sait que rien ne pourra être sauvé, on cherche à reconvertir les salariés et à les protéger le plus possible.

Des expériences rudes et fortes

Notre travail de redressement consiste donc à exploiter la moindre chance de survie et considérer que chaque cessation d'activité d'entreprise et chaque suppression d'emploi est une perte pour la France. C'est un travail de chien, ingrat, très dur, mais indispensable pour notre avenir. La cellule restructuration coordonne les outils d'intervention nationaux et territoriaux. Tous les salariés, syndicats, élus et patrons qui demandent un secours sont systématiquement reçus, car notre credo, c'est « le terrain ». Nous considérons un problème réglé seulement lorsque les gens concernés nous disent qu'il est réglé. Mes conseillers chargés des restructurations ont vécu des moments aussi difficiles que bouleversants, mais je leur demande de faire face avec énergie, courage et pugnacité, toujours au service et aux côtés des salariés qui risquent leur poste.

Les premiers mois furent rudes, très rudes. Chaque jour, les conseillers de la cellule recevaient, chacun, trois ou quatre délégations de salariés ou d'élus venus alerter les pouvoirs publics des difficultés rencontrées par telle entreprise.

En juin 2012, une femme est arrivée seule à l'hôtel des ministres alors que la délégation attendue de son entreprise de fabrication de meubles comportait huit salariés. L'intersyndicale n'avait pu prendre en charge qu'un aller-retour. Cette femme était effondrée, épuisée par l'angoisse, écrasée par une responsabilité trop lourde vis-à-vis de ses camarades. Mais elle était là et nous avons fait le maximum pour l'assister.

Nous avons eu de multiples rendez-vous avec des petits patrons ayant le couteau sous la gorge, qui, voyant basculer leur vie et celle de leurs employés, venaient à Bercy *in extremis* pour demander des financements, réclamer des conseils pour faire plier leurs banques, obtenir une solution d'urgence pour débloquer des impayés de marchés publics, voire décrocher le pire, l'impossible. Par dignité ou fierté, ils n'avaient pas voulu ou pu venir plus tôt, craignant de révéler à la puissance publique l'état de leurs comptes parce que Bercy leur faisait peur. Et c'était hélas souvent trop tard.

Si tous ceux qui en font la demande doivent être reçus au 139 rue de Bercy, il nous est apparu urgent que le ministère du Redressement productif obtienne aussi les moyens de se rendre au chevet de ces personnes désespérées, de ces entreprises malades.

Lorsque j'ai pris mes fonctions, en mai 2012, j'ai vu déferler sur nous une vague ininterrompue de plans sociaux et de déclarations de difficultés, dissimulées durant la période précédente. 75 % de mon cabinet était mobilisé par les actions de cette cellule. L'équipe s'épuisait et le temps manquait pour élaborer notre politique de renaissance industrielle.

Alors, nous avons vu les choses en grand. La cellule a été renforcée, passant de trois conseillers permanents à vingt-cinq ! En nommant vingt-deux commissaires au Redressement productif (CRP), un dans chaque région de France métropolitaine, je nous ai dotés d'une organisation qui fait, aujourd'hui, ses preuves et j'ai proclamé l'importance de cette mission d'endiguement des plans sociaux et l'urgence de la préservation de nos outils industriels. Ces CRP sont des ingénieurs des mines, de bons connaisseurs des entreprises comme de leurs territoires. Leur rôle consiste à réunir toutes les parties et les acteurs de l'entreprise pour faire accepter des sacrifices équilibrés par chacun, de façon à sauver l'entreprise et à éviter la faillite, cette destruction sans retour. Comme la cellule, ils négocient avec acharnement. Ils demandent aux banquiers de faire un effort, aux dirigeants de partir ou de changer leur stratégie, aux créanciers – dont souvent l'État lui-même – d'abandonner un peu de leurs exigences, aux salariés d'accepter quelques départs, le tout en contrepartie d'un redémarrage et d'un sauvetage durable de l'entreprise. Chaque semaine, la cellule élargie à cinq CRP débriefe. C'est l'occasion de faire le point sur les dossiers, de remotiver ces femmes et ces hommes ayant une mission difficile et exposée. Un jour, je leur ai dit : « Vous êtes les hussards du Made in France. Prenez des risques pour sauver le maximum de nos outils industriels. Faites comme si vous étiez à la guerre, car il s'agit d'une guerre économique. Vous comme nous sommes au front. Si vous prenez des risques, même inconsidérés, je vous couvrirai ; si vous ne prenez aucun risque et cherchez à vous protéger, je vous virerai. » Aucun ne m'a déçu, et j'ai décoré de la croix de la Légion d'honneur ou du Mérite national les plus méritants d'entre eux.

2 500 dossiers

Depuis un an, nous avons reçu plus de 2 500 dossiers d'entreprises en difficulté. Nous en avons épluché des dizaines et des dizaines ; dans ces piles, il y a des petites, moyennes et grandes sociétés, que le Comité interministériel pour les restructurations industrielles, la cellule Restructuration de mon cabinet et les vingt-deux commissaires au Redressement productif suivent personnellement. Nous assumons l'ingratitude de cette mission avec modestie et humilité. Mon ministère est-il le pompier des entreprises en difficulté ? Oui. Et lorsqu'on me le reproche, par moquerie ou avec véhémence, je réponds que le métier de pompier est populaire et applaudi chaque 14 juillet sur les Champs-Élysées. Nous préférons être des urgentistes plutôt que les chantres du « laisser-faire », les patachons du « ne rien faire », les cyniques du « il n'y a plus rien à faire ». Dans les bureaux, après des journées éprouvantes, mes collaborateurs et moi-même cachons mal l'amertume qui surgit parfois lorsqu'un dossier révèle un gâchis qui aurait pu être évité, un comportement opportuniste éloigné des intérêts de l'outil de travail comme de ceux qui en vivent, voire un renoncement à des investissements salutaires pour cause de placement plus juteux.

Nous enregistrons des succès ou des défaites, des semi-succès ou des semi-défaites. C'est une lutte au corps-à-corps, qui doit être menée impérieusement, parce que ce n'est pas en s'abîmant dans l'attentisme que la France se relèvera. C'est pourquoi notre engagement est total, jusqu'au dernier souffle. Avec ces équipes de valeureux, nous croyons dur comme fer que la stratégie de l'endiguement produira des résultats. Et que la lutte mérite d'être menée.

Aujourd'hui, nous observons du reste les premiers résultats. Le chiffre des emplois préservés par rapport à ceux menacés, statistique vérifiable actualisée chaque semaine, décompte tous les dossiers sortis avec une décision définitive du ministère ou des tribunaux en charge des procédures de redressement, progresse. Après un an d'activisme, sur 868 cas traités qui menaçaient, au total, 121 711 emplois, 107 613 ont été préservés de la destruction. Certes, près de 15 000 emplois ont été perdus. Mais, malgré l'intensification de la crise, une croissance quasi nulle et l'augmentation des sinistres, le nombre de postes détruits n'augmente pas. Preuve que notre efficacité s'améliore avec le temps. Ces chiffres montrent surtout qu'une stratégie d'action obtient des résultats. On ne réussit pas toujours. Un insuccès est pardonnable mais à la seule condition d'avoir au préalable tout tenté ! Voici les philosophie et mentalité de mes voltigeurs du ministère du Redressement productif. Qui ont tous en tête cette phrase de Roosevelt que j'ai fait imprimer et afficher au mur : « Il est dur d'échouer, mais il est pire de n'avoir jamais tenté de réussir. »

Au nom de nos usines

Dans la tempête qui nous bouscule, perdre un outil industriel important est impossible à accepter. Ce serait comme la disparition d'un vaisseau amiral dans une bataille navale décisive. Elle l'est d'autant plus qu'on sait l'outil stratégique pour les autres industries consommant ses produits. D'autant plus inacceptable que sa technologie, une fois perdue, ne se retrouvera pas. D'autant plus insupportable, enfin, quand on sait d'avance que ce que nous ne produirons plus sur le sol français pour cause de défaillance temporaire sera ensuite importé.

Un produit stratégique nécessaire aux autres industries, une technologie susceptible de disparaître, des besoins non satisfaits sur le marché domestique, voilà à partir de quoi ma petite équipe et moi-même avons élaboré une doctrine nouvelle. Celle du retour de l'État, par le recours aux nationalisations temporaires ; un outil parmi d'autres de défense et de protection de nos intérêts industriels.

Peut-on rappeler déjà que tous les grands pays industriels utilisent la nationalisation plus ou moins temporaire quand il est urgent de défendre leurs savoir-faire, leurs technologies, leurs compétences ainsi que leur balance commerciale ? Les Japonais ont nationalisé en 2012 une entreprise microélectronique de semi-conducteurs Renesas, pour 2 milliards de yens. En 2007, Singapour a nationalisé pour 1 milliard de dollars Chartered, une autre entreprise de semi-conducteurs en microélectronique. L'Indonésie, en 2011, a nationalisé moyennant 300 millions de dollars une entreprise d'aluminium, Asaban. La Nouvelle-Zélande a nationalisé, en 2008, grâce à 350 millions de dollars, l'entreprise de transport maritime Toll Rail. L'Afrique du Sud a nationalisé en 2012 une société d'équipement de communications pour 400 millions de dollars, Sun Space. Les Chinois ont nationalisé, en 2011, Shanghai Ya Tong, qui œuvre dans le transport maritime. Les États-Unis ont nationalisé en 2008 la compagnie d'assurances AIG en versant 63 milliards de dollars et, rappelons-le, l'entreprise automobile General Motors pour la somme de 27 milliards de dollars. Ce qui fit dire à Paul Krugman, Prix Nobel d'économie : « Les restructurations liées au risque de faillite de l'entreprise General Motors ont produit des licenciements bien moindres que s'il y avait eu faillite. » Autant de décisions prises aux quatre coins du monde pour rendre les États plus forts que l'économie et ses lois.

Le ministère dont j'ai la charge a ainsi, de son côté, officiellement proposé au Président de la République, comme solution de sauvetage, une nationalisation temporaire des installations de hauts-fourneaux et de laminage à froid situées à Florange, en Lorraine. Les hauts-fourneaux reçoivent le minerai de fer fin, les galets de coke et les transforment en fonte liquide. Le cœur de la Lorraine est bien là, à Florange. P3 et P6 crachent l'acier primaire dont découle le reste du processus de fabrication.

Depuis l'aciérie sortent les brames, puis suivent le train à chaud, le laminage, les coils ; la finition à froid, enfin, l'électrozingage, la galvanisation, l'étamage à Ébange, Florange, et à Sainte-Agathe. C'est ce site intégré de Florange, sur lequel se déroule le cycle complet de la vie de l'acier, qu'avec les syndicalistes et les élus lorrains nous voulions sauver à tout prix, gouvernement en tête. Tous, nous supposions que l'extinction des deux derniers hauts-fourneaux de Lorraine mettrait en grand péril la sidérurgie de la région.

Ces hauts-fourneaux étaient la propriété d'Arcelor-Mittal, une entreprise constituée en 2006 à la suite d'une OPA hostile de la famille Mittal, un résident britannique, sur la totalité de l'ancien Usinor-Sacilor, devenue Arcelor, fabriquant d'acier d'envergure plusieurs fois renfloué par les contribuables français et européens et acquis par Mittal via une opération agressive financée par de la dette et un montage élaboré par la fameuse banque Goldman Sachs.

La nationalisation temporaire de Florange était, à mes yeux, une solution protégeant l'intérêt de la France et une mesure d'unité nationale. Une protection parce que nous savions que, en 2008, P3 et P6 tournaient à plein régime et que, dès que l'économie repartirait, nous aurions besoin de ces hauts-fourneaux et de leurs capacités productives. Or, s'ils fermaient en 2012, nous serions contraints d'importer de l'acier primaire puisque, aujourd'hui, la France ne compte plus que cinq hauts-fourneaux, alors qu'hier nous avions les moyens de continuer à produire de l'acier Made in France en quantité suffisante pour répondre à nos besoins domestiques.

Certes, le marché, après la crise, s'était retourné et avait diminué de 20 %. ArcelorMittal, géant en position ultra-dominante, ne pouvait pas faire autrement que soutenir une baisse de 20 % de ses capacités, ce qui faisait bondir ses coûts de production et diminuer sa rentabilité. Le poids de la dette accumulée pour acheter la totalité d'Arcelor s'élevait à 23 milliards de dollars. Dans ce contexte, les chutes de rentabilité constatées obligeaient Mittal à fermer des établissements. La surcapacité pour un géant de l'acier n'est évidemment pas applicable à d'autres entreprises plus petites. Aussi ce prima, accordé à la rentabilité financière, nous apparut-il inacceptable pour la France.

Notre projet consistait donc à faire reprendre les installations de Florange, dans la phase liquide et froide de la fabrication de l'acier, par un acteur de niche qui en aurait assuré le maintien, voire le développement. Et nous l'avions trouvé. S'il n'a pas souhaité se dévoiler, cet homme mettait sur la table 400 millions d'euros pour, dans le cadre d'une alliance avec l'État, reprendre le site intégré de Florange et redémarrer les hauts-fourneaux.

Le choix fait au sommet de l'État fut de préférer la négociation avec Mittal. Mais il était nécessaire de montrer à Mittal que, dorénavant, il était parfaitement possible, plausible et même probable qu'un géant au comportement inacceptable soit en situation de se voir privé d'une partie de ses biens de production et fasse l'objet d'une nationalisation temporaire et partielle de ses installations. Nous ne sommes pas passés loin de cette solution ; ce fut donc un avertissement sans frais pour M. Mittal. Et la nationalisation temporaire reste sur la table de la République si, dans le cadre strict de notre doctrine, nos intérêts industriels stratégiques étaient menacés.

Une autre crise

Mittal est d'ailleurs en délicatesse avec les gouvernements d'autres pays. Ainsi, le gouvernement algérien vient de décider de nationaliser l'aciérie ArcelorMittal d'Annaba. Le gouvernement belge, aux prises avec les mêmes difficultés à Liège, a décidé, lui, de rechercher un repreneur sans le consentement de Mittal. Si le projet est poussé au bout, une expropriation pour les installations de Liège pourrait avoir lieu. La Commission européenne, elle-même, a exprimé des réprimandes publiques extrêmement désagréables à l'encontre de Mittal lors d'un conseil européen consacré à l'acier. Le commissaire européen à l'Industrie, Antonio Tajani, a ainsi dénoncé la destruction, par Mittal, de 36 000 emplois en Europe depuis la prise de contrôle par OPA hostile de Mittal sur Arcelor en 2006. La grogne monte partout.

Bien sûr, le choix arbitré par le Premier ministre et le Président de la République n'était pas le mien. Nous avons frôlé la crise politique. Je n'étais plus en situation de me maintenir à mon poste tant la distorsion était grande et la brutalité de la décision incompréhensible.

Je n'oublierai pas ce samedi matin. La lumière d'hiver était toute métallique. Sur le chemin de l'Élysée où j'allais remettre ma démission au Président de la République, je repensais, en conscience, au discrédit public dont j'avais été l'objet sur une proposition qui, pourtant, réalisait le choix de l'unité nationale. J'avais obtenu, outre l'appui de mes collègues ministres du Gouvernement, Aurelie Filippetti, ministre de la Culture et elle-même élue de Lorraine, Delphine Batho, la ministre de l'Écologie et de l'Énergie, Pierre Moscovici, le ministre de l'Économie, le soutien public de l'ancien ministre de l'Économie de Jacques Chirac, Thierry Breton qui avait assisté impuissant à l'OPA hostile de Mittal sur Arcelor ; le soutien également de François Bayrou, leader centriste, de Jean-Louis Borloo, ancien ministre de Nicolas Sarkozy, et l'un des leaders de la droite, d'Henri Guaino, conseiller de l'ancien Président de la République. Une centaine de députés socialistes de la majorité avaient lancé un appel pour la nationalisation temporaire de Florange... Pendant toute la semaine précédant la décision, j'avais imploré le Président de la République de ne pas briser ce consensus républicain et d'y inscrire, au contraire, son action. Il en fut décidé autrement.

Ce samedi matin, j'avais donc pris la décision de dire ce que j'avais à dire et de m'en aller. Une décision douloureuse car on ne quitte pas son poste six mois après qu'une mission vous a été confiée. Mais la situation était intenable pour ce que je croyais être l'honneur attaché à mon action publique.

Le Président de la République et moi-même avons eu une explication franche qu'il me paraît convenable de ne pas révéler. Il m'a cependant demandé de me maintenir à mon poste. En sortant de son bureau, je n'étais pas en mesure d'accepter sa demande. Mais il insista tout au long de l'après-midi. Celui qui fit basculer ma décision dans l'après-midi fut Édouard Martin, l'homme de Florange. Je ne sais plus dans quelles circonstances, cet après-midi-là, nous sommes parvenus à nous joindre au téléphone. L'entendant, je me souvins de ma visite à Florange quelques mois plus tôt : mon adresse à la foule des métallos et à leurs familles massées devant le perron de la mairie ; les cris contre Mittal ; les larmes dans les yeux d'Édouard Martin et de ses camarades épuisés par des mois de lutte ; les slogans lancés dans le ciel ; la colère et l'inquiétude.

Dans le train du retour, bouleversé, j'avais fait le serment personnel de ne pas laisser tomber la Lorraine. Les sidérurgistes, cette noblesse ouvrière défendait son travail et menait ce combat au nom de nos usines. Ils étaient, eux-mêmes, non pas en situation personnelle périlleuse car tous retrouveraient du travail en raison de leur haute qualification. Mais leur combat était, avant tout, un combat pour le maintien de capacités industrielles en Lorraine, un combat pour garantir à la France un avenir en acier ! Ce combat je le partageais et il me rappelait les combats de « Lorraine Cœur d'Acier » à l'époque du père Chérèque ; il me rappelait que ni la gauche ni la République ne peuvent jamais abandonner la classe ouvrière.

Ce samedi-là, malgré l'échec – mon échec de n'avoir pas su convaincre – Édouard Martin m'a remercié. Il m'a demandé de rester à mon poste pour continuer le combat.

Le Président de la République ayant tranché, il me restait à accepter et digérer la décision, ce que j'ai fait. La négociation durcie avec Mittal avait permis d'obtenir des investissements conséquents sur la chaîne de laminage à froid et l'absence de licenciement. Nous avons donc évité d'ajouter une catastrophe sociale au préjudice économique. En juillet 2013, sept mois après la décision de l'extinction des hauts-fourneaux de Florange, le gouvernement a décidé de durcir, par la voix législative, les conditions de réalisation des OPA hostiles et inamicales afin d'empêcher que, à l'avenir, des entreprises localisées en France, ne soient la proie de groupes financiers.

À Florange, plus qu'ailleurs, la bataille du Made in France fut rude et a laissé un goût amer.

Mais ce que nous avons échoué à réaliser dans l'acier, nous y sommes heureusement parvenus dans l'aluminium.

La saga de l'aluminium français

La reconstruction d'une industrie Made in France devrait commencer par un hommage rendu à notre histoire industrielle. Bien des Français ignorent que c'est dans leur pays, au cœur de la vallée de la Maurienne, que l'incroyable épopée de l'aluminium a pris son essor, au milieu du XIXe siècle. Qu'en 1854 un chimiste français, Henri Sainte-Claire-Deville, a réussi à produire les premiers lingots d'aluminium. L'innovation ne passa pas inaperçue. Jules Verne imagina, dans son livre vedette publié en 1865 *De la Terre à la Lune*, les avantages à tirer de ce nouveau matériau : « Précieux métal à la blancheur de l'argent, l'inaltérabilité de l'or, la ténacité du fer, la fusibilité du cuivre et la légèreté du verre ; il se travaille facilement, il est extrêmement répandu dans la nature, puisque l'alumine forme la base de la plupart des roches, il est trois fois plus léger que le fer, et il semble avoir été créé tout exprès pour nous fournir la matière de notre projectile ! » Une autre manifestation du génie français honora ses espoirs quand un jeune et talentueux physicien découvrit le moyen de décomposer l'alumine extraite de la bauxite, par électrolyse. Paul Héroult, vingt-deux ans, déposa son brevet après quelques avatars le 23 avril 1886. Ce jour-là, le « Procédé électrolytique pour la production de l'aluminium », enregistré sous le numéro 175 711, signa l'acte de naissance d'une extraordinaire aventure industrielle dont le monde entier nous est aujourd'hui encore redevable. La famille Pechiney, qui exploita le procédé à partir de 1906 dans son usine de Saint-Jean-de-Maurienne en Savoie, ne tarda pas à jouir d'une renommée internationale. Et c'est dans une petite vallée des Alpes que se trouve, depuis cette époque, le champion mondial de l'aluminium ! Sa production industrielle créa un secteur d'approvisionnement stratégique pour les filières à haute valeur ajoutée que sont l'automobile, l'aéronautique, l'ingénierie militaire. Un secteur en pleine croissance parce que l'aluminium, recherché pour sa légèreté et sa rigidité, présente un troisième avantage : il se recycle moyennant un surcoût d'énergie modéré.

Pourtant, dans les années 2000, la France a perdu le contrôle de cette filière stratégique. Pechiney n'a pu résister à une première offre publique d'achat hostile lancée par le Canadien Alcan. Peu après, en 2007, c'est un anglo-australien, Rio Tinto, qui attaqua et dévora Alcan. À croire qu'une loi de la sélection, pareille à celle qui gouverne la nature, régit les marchés mondiaux. Une loi qui voit tout groupe industriel promis à être dévoré par un prédateur financier. Mais une telle sélection n'a rien de naturel ; elle se rapproche plutôt d'une sorte d'eugénisme économique dont la finance internationale impose les critères.

En 2012, les lieux où l'on décide de l'avenir de notre filière aluminium ont donc été déplacés hors de France après ces prises de contrôle. Rio Tinto, fort de 70 000 collaborateurs dans le monde, règne sur l'aluminium de France, affichant crânement un objectif faramineux : 40 % de « return on equity », le fameux retour sur investissement exigé de l'activité de la bauxite et des savoir-faire français. Mais les activités françaises ne répondent pas à de tels standards de rentabilité, ceux d'un géant aussi vorace que ses actionnaires. Cinq ans seulement après avoir investi dans les usines de Gardanne et

La Bathie, le groupe se met à diminuer progressivement ses efforts en recherche et développement, ce qui aboutit l'année dernière à un plan social d'entreprise, puis, en 2013, à l'annonce de la fermeture de l'unité de production de Saint-Jean-de-Maurienne. Une menace insupportable pour 2 000 salariés de la vallée qui vivent directement ou indirectement, furieux de se découvrir les variables d'ajustement d'un grand Meccano financier international.

Triste histoire, en vérité, que celle du « précieux métal à la blancheur de l'argent ». Scénario typique du démantèlement industriel français. Ravage économique, désastre social et aberration politique, même. En sacrifiant l'outil industriel d'une filière stratégique, c'est l'arrêt définitif de la production de l'aluminium en France qui est à craindre, induisant mécaniquement une hausse des importations et une dépendance accrue de notre pays vis-à-vis de puissances commerciales extérieures. La souveraineté n'est pas l'affaire des seuls militaires, comment imaginer, cent vingt-cinq ans après la géniale découverte de Paul Héroult, que nous puissions perdre à jamais une activité rentable dans un secteur d'avenir hautement stratégique ?

Au ministère, nous décidons d'organiser le sauvetage de Saint-Jean-de-Maurienne et de l'aluminium français. En aucun cas il ne s'agit, comme on l'a laissé croire souvent, de maintenir en vie, par une sorte d'acharnement thérapeutique, des industries économiquement moribondes ou technologiquement dépassées puisque les activités dont il était ici question sont parfaitement rentables et génèrent des bénéfices – ce qui rend, au passage, incompréhensible et injuste, aux yeux des salariés, le plan social dont ils sont les victimes.

Les études confirment en effet que la production de fil d'aluminium, dans laquelle le site de Saint-Jean-de-Maurienne s'est spécialisé, répond à une demande en expansion. J'ajoute que la France importe 300 000 tonnes d'aluminium alors qu'elle en produit de moins en moins. La patrie de l'inventeur de ce matériau peut donc vraiment mieux faire ! Les critères de rentabilité des financiers de Rio Tinto n'étant pas les points cardinaux d'une rose des vents universelle, les projections de chiffres d'affaires, d'investissements, de flux de trésorerie, ont paru suffisamment prometteuses à des repreneurs pour que l'un d'eux, une famille d'industriels allemands spécialisée dans l'aluminium, s'y intéresse. Preuve que le niveau de rentabilité exigé varie d'un acteur à l'autre, selon sa sensibilité économique, sa politique commerciale, ses perspectives de développement, son modèle économique et que tous les investisseurs privés n'ont pas la même vision. Preuve qu'il n'existe pas d'orthodoxie de référence en matière de stratégie d'entreprise et que ceux qui s'empressent, selon une logique financière à court terme, de faire rendre au fruit tout son jus avant d'en jeter l'écorce, ne regardent pas ce qui fait la rentabilité, à moyen et long terme, d'une filière.

Après avoir montré nos muscles, les premiers contacts de réconciliation noués avec Rio Tinto, puis la recherche et la trouvaille d'un repreneur à vocation industrielle, dessinent un schéma de reprise durable incluant la relocalisation du centre de décision. Mais une condition préside à cette réussite : l'aluminium industriel suppose de la bauxite ainsi que le recours au procédé d'électrolyse. L'élément clé du dossier, dont dépendent tous les autres, est donc la facture énergétique, en l'occurrence électrique, le coût de celle-ci représentant 40 % de la production. Autant dire que le facteur stratégique de la compétitivité est là. Les repreneurs le savent : pour assurer la viabilité à long terme du site comme de la filière, ils doivent bénéficier d'une énergie à un bon prix. Ce qui vaut à Saint-Jean mais également à toutes les industries dites « électro-intensives ».

On devine ici le rôle incontournable de l'État et l'avantage que lui procure la maîtrise de ses capacités de production électriques. Comme la France, avec quelques pays européens, dispose de capacités hydroélectriques de pointe la mettant en situation de produire une énergie bon marché, nous avons organisé le mariage entre EDF et le repreneur allemand afin que l'industrie de l'aluminium reste une grande épopée nationale. Les Canadiens, les Australiens, les Russes utilisent l'alliance entre leurs énergéticiens et leurs producteurs d'aluminium, pourquoi les Européens ne le feraient-ils pas à leur tour, dans le respect strict des conditions de marché, plutôt que de se laisser dépouiller de la totalité de leurs installations ?

Voilà comment a pu s'écrire, dix années après les OPA hostiles d'Alcan et de Rio Tinto, une nouvelle page de l'histoire de l'aluminium hexagonal. Ce qui s'est joué à Saint-Jean-de-Maurienne, c'est la renaissance d'un Pechiney franco-allemand, l'alliance des capitaux français et allemands, l'alliance des savoir-faire industriels français et allemands.

Comme cela arrive parfois, lorsque nous avons signé l'accord sous le soleil de la vallée de la Maurienne ce jour de juillet, les salariés, les syndicalistes qui avaient tant bataillé avaient, pour certains, les yeux embués, et pour tout dire avec mes conseillers, nous aussi, étions soudain capturés par l'émotion. En petite délégation, les salariés et les élus m'avaient fait tailler un Opinel de Savoie en guise de remerciements, qui, parmi d'autres, trône sur mon bureau à Bercy. Ce sont ces petits gestes qui font la fierté d'avoir su défendre ceux qui vous ont confié leur destin.

Le développement économique national et européen est bel et bien une question de politique industrielle, un enjeu reposant sur le retour – parfois fracassant – de l'État. Cette vérité, qu'on aime à oublier dans les périodes d'euphorie, se fait criante en temps de crise. L'État devenant un commandant et un stratège au long cours. Il est patient et voit loin. Il mesure les avantages comparatifs de son industrie, les défend, les encourage, les stimule. En somme, il favorise sa croissance et son ampleur, pour donner du travail à son peuple.

Il s'agit donc de refaire de la politique au sens grec du siècle de Périclès. D'organiser la cité productive. De ne pas seulement la célébrer dans des discours, mais d'agir et d'intervenir en sa faveur.

Il faut le faire en France mais aussi en Europe. Comment continuer à croire et prétendre que la concurrence peut être le régulateur naturel des marchés ? Peut-on admettre plus longtemps que ce dogme stupide, protégé par tant de règlements et directives, réduise sans cesse le champ d'action des gouvernements et vienne systématiquement entraver leurs missions ? Pourquoi un ministre chargé de l'Industrie s'efforçant d'appliquer une stratégie de reconstruction durable, d'attribuer des aides, d'initier des coopérations politiques, tremble-t-il à la possibilité d'en être empêché par une norme Tartenpion ou un commissaire Tartenpoil de l'Union européenne ?

À l'effet domino des délocalisations comme des fermetures de sites – fragilisation de la filière, destruction d'emplois directs et indirects, perte des brevets, mort des savoir-faire, déclin de la souveraineté économique, pénurie des débouchés pour nos futurs techniciens, ingénieurs et chercheurs… – peut répondre un mouvement inverse. En attribuant, comme je l'ai suggéré, une part de notre ressource énergétique aux industries de l'aluminium, de l'acier, du papier, du verre, nous pouvons amorcer un cercle vertueux. À l'horizon de ce qui constitue l'expression concrète du volontarisme en politique, c'est une zone d'attractivité exceptionnelle qui se profile, en même temps que l'espoir de produire en Europe ce que nous consommons en Europe. La finance ayant le pouvoir d'engendrer des crises mais pas celui d'y mettre un terme, c'est aux États qu'il appartient d'y travailler, en espérant qu'ils garderont la main pour faire mieux que réparer et rafistoler. L'autosuffisance industrielle est une ambition européenne réaliste. Pour en devenir les maîtres d'œuvre, les États membres doivent réapprendre à l'exercer.

Chapitre 6

Des plans industriels plutôt que des plans d'austérité

> « Cela ressemble à un suicide collectif. Les règles budgétaires de l'Union européenne exigent des États qu'ils reviennent au-dessous d'un déficit public de 3 % du PIB, sans prendre en compte le fait que ces mesures creusent la récession et rendent l'objectif impossible à atteindre. »
>
> Daniel Cohen, Professeur d'économie à l'École Normale Supérieure, Fondateur de l'École d'Économie de Paris, et membre du Conseil d'analyse économique placé auprès du Premier ministre, 2013.

Le chômage en Europe a dépassé les niveaux constatés durant les années 30, qui ont conduit notre continent au fascisme, au nazisme, au chaos de la guerre et à la destruction généralisée. La cote d'alerte est dépassée.

Nous entrons dans la sixième année de crise ininterrompue, ce qui ne s'est jamais vu ni observé depuis les années noires du siècle précédent. Tous les continents sont sortis de la crise, ont renoué avec la croissance, mais pas l'Europe, qui demeure en récession, cas unique au monde. Est-il donc, enfin, permis de s'interroger ? S'interroger sur les dogmes qui nous mènent au gouffre ? S'interroger sur la clairvoyance des dirigeants de l'Union européenne qui ont raté la reprise, contrairement au reste de la planète ?

Tout le monde attend – comme on attendrait, passifs, les oracles de la Pythie de Delphes – et espère aujourd'hui une croissance qui ne vient pas, comme on espère un revirement météorologique. Mais comment reconstruire une industrie lorsque les données de l'économie sont au rouge depuis si longtemps ? Sauver des entreprises et en recréer de nouvelles est-il possible quand l'économie ralentit et, finalement, s'affaisse dans toute l'Europe ?

Les fantassins du Made in France qui se battent au quotidien sur le terrain ont réellement besoin de l'appui aérien des états-majors de l'Union européenne. Voilà pourquoi cette bataille doit se porter aussi et maintenant sur ce théâtre-là.

C'est ce que nous avons décidé de faire avec, et autour du Président de la République. Muni d'un mandat issu du suffrage universel clair en faveur de la réorientation de l'Union européenne, celui-ci et son gouvernement, sur la scène comme en coulisse, n'ont cessé de se battre pour obtenir l'abandon des politiques d'austérité en Europe. Ainsi, au printemps qui suivit son élection, François Hollande déclarait-il : « Aujourd'hui, prolonger l'austérité, c'est le risque de ne pas aboutir à réduire les déficits et la certitude d'avoir des gouvernements impopulaires dont les populistes feront une bouchée le moment venu. » Et il ajoutait avec force : « Je ne ferai pas une politique qui conduise l'Europe à l'austérité. Je ne veux pas que l'Europe soit une maison de redressement. »

La crise économique commencée en 2007 est, en effet, d'une ampleur inconnue depuis celle, gravissime, de 1929. L'endettement des pays développés se rapproche des records historiques atteints après la fin de la Seconde Guerre mondiale, soit 111,4 % de la richesse nationale prévus, pour un summum atteint autrefois de 116 %. Chacun sait qu'il faudra probablement plus d'une dizaine d'années, voire une génération, pour absorber un tel choc économique. L'Europe joue donc – et ainsi – sa survie politique, car ses peuples rejettent massivement dans les urnes le projet sacrificiel de remboursement des dettes, qui organise la destruction de leur avenir par le chômage de masse, la perte de liberté dans leurs choix et leur appauvrissement massif.

Juridiquement guéri et économiquement mort

On ne le croira sans doute guère, pourtant il faut ouvrir les yeux et constater : les pays qui affrontent un chômage historiquement élevé, avec des taux de croissance négatifs et des déficits publics importants, sont précisément ceux qui ont accompli le plus d'efforts sur leurs finances publiques et la réduction de leur déficit ! L'effort de réduction du déficit public entrepris par la France n'a pas d'équivalent dans l'histoire de l'après-Seconde Guerre mondiale et peut-être dans toute celle de ses finances. Les pays les plus rigoureux sur ce point sont donc, ces dernières années, la France et l'Italie, alors que l'Allemagne est celui qui a réalisé l'effort le plus faible. Il est donc erroné d'affirmer que les États qui ont le taux de chômage le plus élevé sont ceux qui n'ont entrepris aucun effort structurel.

Il n'existe dès lors pas de lien entre les efforts – considérés moralement justifiés et économiquement raisonnables – de rigueur déployés sur les finances publiques et les résultats d'amélioration du chômage. C'est même l'inverse.

Il est également faux d'affirmer que c'est l'Allemagne qui a fait le plus pour stabiliser ses comptes publics après la crise. La bonne santé de son économie est structurelle et non conjoncturelle ; elle provient des avantages qu'elle a su construire avant la crise et non de sa gestion de celle-ci. Parmi ses atouts, la modération salariale depuis 2004, comme la réforme du marché du travail et de la protection sociale permettant une utilisation accrue du chômage partiel sont déterminantes, même si ces politiques ont conduit à la montée de la pauvreté.

Conséquence, comme me le dit un jour à Milan, avec un sourire amer, le Ministre de l'Industrie du gouvernement italien de Mario Monti, Corrado Passera, un homme solide, brillant et honnête : « Nous avons rétabli nos déficits, réduit nos dépenses et relevé nos impôts, nous sommes donc juridiquement guéris, mais aussi économiquement morts. » Il désignait en ces termes l'état de l'économie italienne qui se meurt, avec un chômage qui explose, une protestation violente qui monte, quelques semaines à peine avant les élections législatives qui balayèrent le gouvernement auquel il appartenait. Son amertume visait les obligations fixées par l'Union européenne que le gouvernement de Mario Monti avait scrupuleusement et sacrificiellement respectées, alors que ces choix conduisaient à l'inverse de ce qui était attendu. On espérait le regain d'activité mais avaient été semés la récession, le chômage et l'anémie.

Depuis la constitution du Marché commun jusqu'à la mise en place de la monnaie unique, l'Europe s'est construite autour d'un projet d'intégration économique. Ce projet est aujourd'hui en crise du fait de la divergence grave des économies européennes : le Sud contre le Nord, avec la ligne de fracture qui passe entre la France et l'Allemagne, capitales respectives du Sud et du Nord. Comme le rappelle sobrement le Fonds Monétaire International : « La zone Euro continue de présenter un risque considérable pour les perspectives de l'économie mondiale. »

Face à un tel risque de dislocation, les règles que se sont imposées les pays européens dans quasiment tous les domaines sont en fait les liens juridico-politiques qui aujourd'hui les font couler ensemble. Et ce alors que chacun aurait besoin, au contraire, de liberté de mouvement pour aider l'Europe à remonter à la surface, en se servant des atouts propres à chaque État. Cette paralysie politique conduit les règles du passé à corseter le présent et à empêcher le sursaut. Résultat, le soutien de l'opinion au projet européen vacille dans les pays où la situation se dégrade et où le taux de chômage dépasse les 10 %. Les élections italiennes de février 2013 en sont l'exemple, mais on ne doit pas sous-estimer la forte opposition à la politique menée à Bruxelles en France, en Espagne ou au Portugal. Ces expressions sont les conséquences du chômage de masse, de la pauvreté et des inégalités minant ces pays depuis et à cause de la crise. À l'inverse, les populations des États aux taux de chômage plus faibles, notamment l'Allemagne, expriment une grande méfiance envers toute politique susceptible de ne pas correspondre à leur intérêt national. Pour autant, le délitement du projet européen me semble plus dangereux dans les pays du Sud, à cause des répercussions humaines dramatiques constatées, que dans les pays du Nord comme l'Allemagne. Cette dernière bénéficie davantage des politiques européennes actuelles, alors que les États du Sud, comme la France, pâtissent au contraire des contraintes imposées par l'Europe.

C'est la raison pour laquelle depuis plusieurs mois nombre d'économistes et de responsables publics européens demandent l'abandon des politiques d'austérité organisées par l'Union européenne. Il faut lire et relire les déclarations énervées de ces experts internationaux d'ordinaire habitués à des propos d'une élégante retenue, découvrir la verdeur et la virulence des termes employés, pour comprendre que le temps est venu de condamner l'erreur stratégique européenne consistant à appliquer des plans d'austérité à tous les pays :

« Beaucoup trop de “Gens Très Sérieux” se sont laissé envoûter par le culte de l’austérité, par cette croyance selon laquelle les déficits budgétaires sont le danger identifié le plus immédiat, et non le chômage de masse », déclarait ainsi avec fermeté Paul Krugman, Prix Nobel d’économie. « Trop d’austérité tue les bénéfices de l’austérité. Le risque est que le serpent se morde la queue. Il faut faire preuve d’une plus grande flexibilité », ajoutait Angel Gurria, secrétaire général de l’OCDE. « Le FMI a sous-estimé l’impact des politiques de rigueur sur la croissance », confessa à son tour Olivier Blanchard, économiste en chef du FMI. « L’Europe a fait l’erreur de tout miser sur la réduction des déficits », jugeait fort justement Jean Pisani-Ferry, commissaire général à la Stratégie et à la Prospective, placé auprès du Premier ministre. « On arrive au bout (de l’austérité). Maintenant, on est au bord du gouffre », a renchéri Patrick Artus, chef économiste chez Natixis et professeur à l’École Polytechnique. « Cela me met en colère. On sait parfaitement que les politiques d’austérité ont un impact négatif sur la croissance ! À chaque fois, c’est la même histoire : on commence par faire des pronostics optimistes en imaginant que la reprise viendra l’année suivante et puis, au bout de quelques mois, on dit oups », s’emporta de son côté Charles Wyplosz, professeur d’économie internationale au Graduate Institute de Genève. Et Paul De Grauwe, de l’université de Louvain, de renchérir : « On peut conclure que les mesures d’austérité draconiennes qui ont été imposées par la panique conjointe du marché et des décideurs ont non seulement produit une profonde récession dans les pays qui ont été exposés à un tel remède, mais aussi que, jusqu'à présent, ce remède n'a pas fonctionné. En fait, il a conduit à des rapports de dette sur PIB encore plus élevés, et a sapé la capacité de ces pays de continuer à rembourser leur dette. » « Si l'objectif était de casser la croissance et d'augmenter de plusieurs millions le nombre de pauvres en Europe, alors c'est une réussite ! Si la Banque Centrale Européenne (BCE) avait joué son rôle de parapluie pour les dettes européennes il n'y aurait eu aucune spéculation, comme il n'y a pas de spéculation sur la dette américaine, et on aurait pu se passer totalement de l'austérité », reprit en chœur Philippe Askenazy de l'École d'économie de Paris. Enfin Louis Gallois, ancien patron d'Airbus, auteur du Rapport sur la compétitivité de l'économie française, demandé par le gouvernement français, conclut sobrement ce large éventail de désapprobations en déclarant : « L'addition des politiques d'austérité conduit dans le mur. »

Quelques hommes politiques européens sensés se sont exprimés à leur tour dans des termes peu amènes sur les orientations européennes constatées. Martin Schulz, le Président social-démocrate du Parlement européen, jugeait : « Les pays membres de l'Union européenne sont allés "trop loin" dans leur politique d'austérité. L'argument qui consiste à dire qu'avec la réduction des budgets publics la confiance des investisseurs revient, est manifestement faux. Aucune économie nationale ne se redresse sans une relance économique avec des investissements stratégiques. » Son collègue allemand

Sigmar Gabriel, Président du SPD, déclara : « Le régime imposé par Mme Merkel en Europe a depuis longtemps conduit à l'anorexie. À ces jeunes qui vont bâtir l'Europe dans quelques années, nous devons donner une autre Europe. L'Allemagne, championne des exportations, sera à son tour atteinte par la crise si la politique d'austérité se poursuit. » Le Président du Conseil italien, Enrico Letta, estimait pour sa part : « L'Italie se meurt par la faute de la seule austérité. Les politiques en faveur de la relance ne peuvent plus attendre. » Et le Premier ministre belge Elio Di Rupo ajouta, en forme de coup de grâce : « L'austérité nuit à la santé. Dans les mois qui viennent, nous devons travailler au sein de l'Union européenne pour modifier le tir. » Quelques mois après la déclaration de François Hollande, des voix s'unissent donc, désormais plus nombreuses, à celle de la France afin de demander un autre chemin, celui d'un autre destin pour l'Europe.

Si autant de cerveaux, normalement constitués et aux sommets de leurs disciplines comme de leurs pays, sonnent le tocsin, c'est parce que l'Union européenne court un vrai danger politique en proposant aux populations des sacrifices considérés comme inutiles et infinis par tous. La conséquence de ces stratégies se verra hélas dans les urnes quand les peuples finiront par envoyer au pouvoir des dirigeants malheureusement favorables au retrait de l'Union.

Dès lors, si l'on veut sauver l'industrie française menacée de déstructuration par la récession qui gronde, il nous faut choisir une politique de soutien aux pays du Sud dans l'intérêt même de l'Europe. Et retrouver une politique forte de croissance organisant d'urgence la réduction du chômage dans tous les pays de l'Union.

Pour ce faire, mieux vaut écarter d'emblée un argument fallacieux. Le choix d'une politique alternative à la réduction rapide des déficits publics est décrit par certains comme celui du laxisme, du manque de courage politique face à des pays qui auraient déjà assumé des choix douloureux. Et d'arguer qu'ouvrir le débat sur l'autre alternative reviendrait à vouloir occulter ou éviter les réformes structurelles nécessaires, comme celles du marché du travail, des retraites, voire la réduction nécessaire et modérée des dépenses publiques.

Je le dis d'emblée, certaines de ces réformes sont pour moi tout à fait nécessaires. L'accord sur la sécurisation de l'emploi en France, et la politique de compétitivité par la baisse du coût du travail, la réduction des déficits entamée en Italie, au Portugal ou en Espagne, la politique de sérieux budgétaire décidée à Paris montrent d'ailleurs que ce n'est pas le courage qui manque ici ou là. Pour autant, mener une politique difficile ne relève pas du courage quand elle devient inappropriée, aggravante et dangereuse, car multipliée dans tous les pays. Elle relève, lorsqu'elle est organisée dans tous les pays européens en même temps par voie d'oukase de la Commission européenne, de l'aveuglement voire de l'inconséquence. Surtout au moment où d'autres zones économiques majeures, comme les États-Unis ou le Japon, appliquent une stratégie différente en abandonnant l'objectif de rétablissement des comptes publics drastique pour conduire des politiques de retour à la croissance qui fonctionnent avec succès, précisément parce qu'elles sont différentes des plans d'austérité imposés en Europe. C'est donc avec plus de lucidité que les Européens que nous sommes devrions nous en inspirer.

L'Union européenne, lanterne rouge de la croissance dans le monde

On peut donc, sans abus de langage, considérer la politique européenne actuelle comme étant l'une des plus restrictives et des moins favorables à la croissance au monde.

La seule explication rationnelle économique à cette stratégie de rétablissement au forceps des finances publiques est celle qui a pour finalité d'éviter des transferts entre pays européens du Nord vers ceux du Sud, par une éventuelle mise en commun des dettes. Cette prise en charge des intérêts des pays déficitaires par ceux qui sont excédentaires figure pourtant comme l'exigence principale réclamée lors des G20 à l'égard des grandes puissances, comme la Chine et l'Allemagne.

L'austérité budgétaire européenne, qui n'a pas de sens économique, a produit, à ce jour, uniquement des résultats négatifs. Elle correspond à la domination de certains pays, à leur volonté de faire valoir en priorité leurs intérêts. Ce qui traduit un mauvais équilibre politique entre États européens. Quant à l'atteinte d'un déficit nominal de 3 %, elle relève de ces règles qui visent à vérifier par des souffrances inutiles l'adhésion au projet européen des pays en difficulté économique.

Il est, sur ce point, éclairant de rappeler que ces règles n'ont été respectées par quasiment aucun des pays de la zone Euro dans la précédente période de croissance. Alors que le Traité sur la stabilité, la coordination et la gouvernance pourrait permettre des interprétations innovantes et entraîner des inflexions souhaitables à notre époque de crise historique, les politiques actuellement menées ont pour but de réduire rapidement les déficits certes, mais elles conduisent l'Union à être la seule région en récession quand le reste du monde connaît la croissance. Quel paradoxe !

Un paradoxe d'autant plus incroyable que le Fonds Monétaire International, pourtant avocat inconditionnel des politiques de rigueur, a reconnu, une fois n'est pas coutume, cette erreur – son erreur – lorsque sa présidente Christine Lagarde déclara, le 24 janvier 2013 : « L'effet des plans d'austérité sur la croissance est plus fort que ce que nous avions anticipé il y a trois, quatre ans, c'était une erreur d'appréciation. » Et sur la réduction des déficits, elle précisait : « C'est mieux de le faire collectivement, de prendre un peu plus de temps plutôt que d'avancer à marche forcée », rappelant que l'Espagne avait pâti d'être allée trop vite dans la rigueur l'an passé ! Si le FMI lui-même le dit…

En résumé : la croissance est sous nos pieds, comme la reprise, mais ce sont nos propres choix européens qui la piétinent !

Face à ces interrogations conditionnant la croissance européenne dans les dix prochaines années, face aux millions d'emplois détruits ou créés, face aux centaines de milliers d'entreprises faillies ou recréées, comment ne pas reconnaître la sagesse des États-Unis d'Amérique, pays qui mène une politique monétaire et budgétaire bien plus accommodante ? Le déficit budgétaire américain a atteint 7 % du Produit Intérieur Brut en 2012, mais Ben Bernanke, président de la Banque fédérale américaine, a récemment expliqué – et déploré – que les efforts de réduction des déficits « pourraient faire souffler un fort vent contraire sur la reprise économique ». Des propos applicables à l'Union européenne : la lutte contre les déficits tue la croissance, ce qui empêche la résorption des déficits.

La Banque centrale américaine, la Fed, possède deux objectifs : la stabilité des prix mais aussi la croissance. Aussi a-t-elle affirmé en décembre 2012 qu'elle pratiquerait une politique monétaire accommodante tant que le chômage américain serait supérieur à 6,5 %. Et elle achète près de 85 milliards de dollars de dette tous les mois. Peut-on attendre moins d'une banque centrale en période de crise historique ?

Hélas, en Europe, le rachat des dettes publiques par la Banque Centrale Européenne est tabou et même interdit. Alors qu'il s'agit de l'une des solutions pour les États d'acquitter leurs dettes sans tuer la reprise ni écraser la croissance, sans augmenter les impôts ni détruire les services publics. Le montant total de la dette publique détenu par la BCE est inférieur à 2,5 % du PIB de la zone Euro en 2013, alors que celui entre les mains de la Fed est supérieur à 10 % du PIB, celui possédé par la Banque d'Angleterre – pays qui n'est pas dans l'Euro – est proche de 25 %, soit dix fois plus que la BCE. Le Japon vient récemment de mettre en place une politique monétaire très accommodante, identique à celles de la Fed et de la Banque d'Angleterre. Ces rachats des dettes publiques par les banques centrales facilitent l'effort budgétaire des États, évitent aux ménages et aux entreprises des prélèvements fiscaux supplémentaires ainsi que des coupes budgétaires aussi récessives que les hausses d'impôts. La stratégie de la planche à billets menée depuis des années par messieurs Obama, Cameron et depuis peu le Premier ministre japonais Shinzo Abe n'a eu aucun effet négatif sur l'inflation, contrairement à ce que certains redoutaient. Là encore, l'Europe fait figure d'exception avec sa politique monétaire rigoriste et obstinée.

La réorientation des choix de l'Union européenne est à l'ordre du jour en France tant nous devons pouvoir lutter à armes égales avec le reste du monde dans la bataille du Made in France. C'est le sens du combat que nous menons au gouvernement français autour du Président de la République. Nos soutiens s'étendent. Ferons-nous changer et évoluer l'Europe ? Je l'espère, sous peine de voir émerger une colère des peuples des plus noires et dangereuses.

Une politique industrielle commune ?

Il a fallu hausser le ton au Conseil des ministres de l'Industrie à Bruxelles. Le commissaire à la

Concurrence est chargé, en vertu de ses pouvoirs propres, d'assurer le respect d'une « concurrence libre et non faussée », un principe né avec l'Union européenne voilà plus de cinquante ans. S'il était nécessaire lorsqu'il fallait unifier une Europe aux économies très éloignées, force est de constater que son application rigoriste paraît décalée. Qui plus est lorsque le ministre européen en charge de cette question possède des pouvoirs exorbitants du droit commun appliqués d'une façon tatillonne et dogmatique. Le commissaire à la Concurrence peut ainsi infliger des amendes aux États membres lorsque ceux-ci soutiennent par des aides leurs entreprises. Il peut contraindre les entreprises en croissance devenant par leur taille le champion national ou européen d'un secteur à revendre une part de leurs actifs afin de ne pas être trop fortes.

Bruxelles en vient donc à empêcher l'Europe d'être puissante dans le monde alors que notre continent doit affronter des géants asiatiques et américains du Nord – et bientôt du Sud – dont le gigantisme n'est pas entravé. Et y parvient parfaitement ! Bruxelles a par exemple empêché la fusion de Schneider Electric avec Legrand, ce qui aurait pourtant permis à la France de disposer d'un groupe de taille mondiale capable d'affronter le reste du monde ! Bruxelles a empêché Pechiney, notre fleuron de l'aluminium, de lancer une OPA sur Alcan au motif que l'entreprise française allait devenir trop puissante sur le sol européen. Conséquence, c'est Alcan qui a racheté Pechiney, puis Rio Tinto qui a racheté Alcan, nous faisant perdre nos centres de décision et nombre d'usines. Les dégâts provoqués par des décisions européennes trop rigides ou dogmatiques sont donc considérables. Ce n'est pas pour rien si de nombreux Français, qui l'avaient pressenti voire en étaient conscients, avaient voté « non » au référendum sur le Traité constitutionnel européen de 2005, ne voulant pas apporter leur consentement à une conception incompréhensible et obsolète de l'action des pouvoirs publics européens sur l'économie hexagonale. Le rassemblement de nos efforts, de nos économies, de nos entreprises est nécessaire et utile, mais beaucoup d'Européens favorables comme moi à cette Union, qui serait très utile si elle était intelligente, refusent cette organisation dangereuse et stupide.

Qui ne voit pas que le monde a changé ? Qui ne réalise pas que l'Europe est désormais attaquée par la mondialisation déloyale des pays émergents, qui – eux – peuvent constituer des champions de taille mondiale, prennent des parts de marché à nos entreprises devenues dans l'incapacité de se défendre d'égales à égales ? Or, ces pays émergents soutiennent leurs sociétés à coups de subventions publiques et d'aides, car eux n'ont pas un Bruxelles rigoriste et jusqu'au-boutiste sur le dos ! Les Indiens, les Canadiens, les Brésiliens, les Américains, les Chinois n'ont pas de commissaire à la Concurrence qui les harcèle, peuvent faire tout ce que nous nous interdisons par l'effet de traités inadaptés ratifiés il y a cinquante-six ans !

Certaines grandes voix avaient d'ailleurs noté et dénoncé cette grave difficulté au moment même de la naissance du Marché commun, qui édifia le socle de l'actuelle Union européenne. Pierre Mendès France, à la tribune de l'Assemblée nationale le 18 janvier 1957, déclarait ainsi : « Le marché commun est basé sur le libéralisme classique du XIXe siècle selon lequel la concurrence pure et simple règle tous les problèmes. »

La seule stratégie industrielle que s'autorise l'Union est celle de la concurrence, c'est-à-dire une politique d'interdiction, une politique de défaisance, une politique du gendarme chargé de faire respecter des règles appartenant au monde d'antan. Quand nous cherchons à bâtir des alliances industrielles, à soutenir par de l'argent public bien employé l'innovation technologique des entreprises françaises, à organiser des ententes entre sociétés qui peuvent dès lors se renforcer en se mettant d'accord, ou à sauver des outils industriels en difficulté, nous subissons les foudres – mauvaises – de Bruxelles. Les troupes du commissaire à la Concurrence ouvrent des enquêtes, notifient des procédures, convoquent devant leurs juristes nos prétendus fautifs et font trembler les arrière-salles des entreprises européennes. En vérité, leur mission – idéologique inavouée – est la disparition de toute action ou intervention des États dans le domaine économique, qu'ils croient profondément mauvaise. Soit exactement l'inverse de la mission que le Président de la République, et à travers lui le suffrage universel des Français, m'a confiée.

Les commissaires européens à la Concurrence, quels que soient leur nationalité, leur sensibilité politique, leur parcours antérieur, ne se rendent même plus compte, dans leur obsession à se poser en gardiens des traités européens, qu'ils travaillent involontairement pour les concurrents de ces mêmes Européens. Car pendant ce temps les Chinois, les Coréens, les Japonais, les Américains, les Brésiliens, les Russes ont des gouvernements qui subventionnent, injectent des milliards dans leurs industries et leur permettent de se restructurer, de garder leurs positions. Tout cela tandis que nous autres, Européens, nous acharnons à nous affaiblir.

Louis Gallois a parfaitement démonté ces mécanismes contre-productifs. Dans son Rapport sur la compétitivité de l'industrie française, il rappelle en effet que « la politique de la concurrence domine toutes les politiques européennes qui ne peuvent se déployer que dans le cadre qu'elle définit. Cette domination est également idéologique ; elle s'appuie sur une administration extrêmement compétente devant laquelle les autres administrations s'inclinent le plus souvent. La politique de la concurrence de la Commission souffre de deux faiblesses : d'une part, elle intègre mal la dimension de la compétition mondiale à laquelle l'industrie européenne est confrontée et donne la priorité au consommateur par rapport au producteur ; elles sont donc très largement fondées sur des critères juridiques et prennent mal en compte la dimension économique, la taille du marché pertinent, les dynamiques des secteurs à moyen terme, les effets d'échelle ou les régimes d'aide dont bénéficient les concurrents. Nous ajoutons que les délais des procédures sont déconnectés de la réalité industrielle. » Sa conclusion est sans appel : « La politique de la concurrence doit être davantage mise au service de l'industrie européenne et de sa compétitivité. »

Je me souviens d'avoir, durant un des déjeuners informels bruxellois où se réunissent différents ministres de l'Industrie, dénoncé poliment cette politique face au commissaire à la Concurrence lui-même. L'intéressé me rétorqua que les États membres de l'Union n'apportaient jamais de preuve des politiques de subventions pratiquées par les autres puissances mondiales. Je lui ai répondu qu'il suffisait qu'il consulte Internet et lise les minutes du dernier congrès du parti communiste chinois qui décidait du 12e plan. Ce plan organise en effet méthodiquement, à coups de milliards de yuans, le lancement de l'industrie chinoise dans la quasi-totalité des technologies. En somme, lorsque la France finance pour plusieurs dizaines de millions un programme de recherche technologique sur la batterie pour véhicule électrique, la Chine investit un milliard. Mais Bruxelles préférera enquêter sur les Européens plutôt que nous protéger contre les aides d'État chinoises. Il n'y a que la naïveté bruxelloise pour refuser de voir le monde tel qu'il est et l'inconséquence des dirigeants de la Commission pour empêcher industries et États européens de se battre à armes égales.

Lorsque la discussion a repris autour de la table du déjeuner, le commissaire m'a indiqué qu'il existait dans les traités, enfouis dans le maquis urticant des textes internes, des clauses de réciprocité. Pour parler en français clair et non pas en novlangue européenne, cela signifie qu'à chaque fois qu'un État ou une Région européenne subventionne une entreprise pour l'aider à surmonter la concurrence internationale, il serait possible d'invoquer la réciprocité chez les pays extra-communautaires pour échapper aux sanctions de Bruxelles. J'ai alors demandé pourquoi cette clause n'avait jamais été utilisée par lui-même. Il m'a répondu qu'elle n'avait jamais été demandée ni invoquée par les États membres. J'ai conclu notre discussion, un peu franche, en m'étonnant qu'il ne considère pas de son rôle d'y recourir spontanément, au nom de l'intérêt général européen dont il a la charge. Et je lui ai promis de faire de cette option une application… immodérée.

Chacun voit bien que cette attitude anti-étatique de l'Union européenne, et des institutions qui vont avec, se retourne contre le travail entrepris d'un renforcement de l'appareil industriel et productif. Ces organismes doivent donc être réformés d'urgence, si nous voulons progresser plus grandement encore dans la bataille pour le Made in France.

Louis Gallois proposait dans son rapport que toutes les décisions prises par la Commission relatives à la concurrence soient accompagnées d'un avis public d'experts économiques et industriels, extérieurs à celle-ci, experts qui l'aideraient à mieux intégrer l'économie réelle dans ses décisions. Mais il suggérait surtout une véritable révolution politique : repolitiser les décisions de la Commission en instaurant la possibilité d'un appel de ses décisions devant le Conseil des ministres européen, qui se prononcerait alors à la majorité qualifiée. Cette idée est la réforme radicale qu'il faudrait à l'Union pour se mettre enfin au service de l'industrie et de l'économie réelles.

Ce serait l'embryon d'une politique industrielle commune – comme il existe une politique agricole commune – assurant et organisant l'émergence de champions européens, soutenant des ententes technologiques entre entreprises européennes, acceptant l'intervention et le soutien des États membres afin de les mettre en mesure de se battre avec et contre le reste du monde.

Les fantassins du Made in France que nous sommes tous avons besoin de l'appui de l'aviation européenne qui plane au-dessus de nos têtes. Louis Gallois avait donc raison de conclure son rapport en ces termes : « L'Europe doit mettre sa politique au service de ses industries. À l'avenir, toutes les politiques européennes devraient être évaluées à l'aune de la compétitivité. »

Dans la crise historique que connaît l'Union, le triple verrouillage budgétaire, monétaire et juridique constitue une grave erreur. Le travail du gouvernement français vise donc à réorienter l'Union pour la sortir de cet enfermement qui la précipite dangereusement vers la dislocation.

Les plans industriels de la nouvelle France

Voilà pourquoi nous inventons en France une politique industrielle, dans laquelle l'État est présent, et actif. Il ne se substitue pas aux entreprises, mais il les unit, les organise, les finance, les soutient. Il est le grand organisateur de leur coopération mutuelle, avec leur consentement et leur aide.

Au ministère du Redressement productif, depuis plus d'une année désormais, mon équipe et moi-même travaillons à remettre en ordre de marche les filières industrielles. Nous unissons nos énergies dans une alliance concrète des forces productives, secteur par secteur : automobile, aéronautique, ferroviaire, biens de consommation, mode et luxe, industries extractives et de transformation, chimie, numérique, construction navale, santé, agroalimentaire, nucléaire, énergies nouvelles et renouvelables. Finalement, nous réapprenons à travailler ensemble, apprenons à nous entraider dans la bataille du Made in France comme ont su le faire tous les pays industriels ayant mieux résisté à la crise : les grandes entreprises œuvrent avec les petites, les syndicats cherchent les points de convergence et d'action commune avec les organisations patronales, le secteur bancaire collabore avec le secteur productif qui, lui, n'oublie pas le secteur éducatif, les laboratoires publics travaillent avec la recherche-développement privée, les régions avancent main dans la main avec les pôles de compétitivité et les entreprises qu'ils agglomèrent. Dans tous les domaines où la France dispose d'industries, nous partageons avec les grandes entreprises du secteur, les PME, les syndicats et les organisations patronales du secteur, des projets communs. Nous nous organisons autour d'un cap technologique conjoint, autour d'objectifs de formation des salariés décidés en accord, et parfois nous construisons des stratégies collectives dans lesquelles l'État a une responsabilité particulière, comme celle de faire évoluer sa législation. Ce travail des filières a enfanté des plans industriels qui unissent les efforts, les idées, les ressources productives de toute la Nation.

Ainsi, cet état d'esprit rend-il la coopération plus forte que la compétition. C'est là notre ligne de conduite et de vie, c'est là que s'exprime notre volonté d'atteindre et de dépasser de nouvelles frontières technologiques qui projetteront la France dans l'avenir et lui referont prendre rang dans la mondialisation.

Gardons en mémoire les aventures industrielles du TGV numéro 1 en 1981, né de l'alliance entre la SNCF et Alstom ; de l'Airbus A 300 B lancé en 1969 et d'Ariane 1 en 1979, tous deux issus de l'alliance des technologies européennes ; de la centrale nucléaire de Chinon en 1957, créée grâce au financement par l'État de la filière électronucléaire. Ces réussites, qui seraient rendues impossibles aujourd'hui par la Commission européenne, sont les points de départ d'alliances entre un État qui fixe le cap, apporte des fonds, et les acteurs privés qui font avancer les technologies, les mettent sur les marchés, tous bien coordonnés entre eux pour permettre l'avancée des projets. Cette ambition industrielle doit être le ciment nouveau de l'Europe. C'est notre responsabilité de la faire naître et renaître.

Épilogue

Les 34 plans industriels de la nouvelle France

> « Ou bien la France sera capable d'affronter la concurrence internationale, et elle assurera du même coup son indépendance et sa prospérité ; ou bien elle sera tirée vers le bas et elle ira vers son déclin. Cette bataille, nous sommes en train de la gagner dans des secteurs tels que les moyens de transport, espace, aéronautique, chemins de fer, métro, les télécommunications, l'énergie nucléaire, l'agroalimentaire, le logiciel, toutes industries où nous sommes parmi les trois premiers du monde. Nous étions en train de la perdre en 1981 pour l'industrie du bois, du cuir, de la machine-outil, du textile, de la chimie, de l'ordinateur lui-même. Nous avons réagi, nous remontons la pente, mais elle reste indécise, comme elle l'est pour l'automobile, les chantiers navals, l'électronique ou la sidérurgie. »

François Mitterrand, Conférence de presse du Président de la République sur le plan de restructuration industrielle dans la sidérurgie, Palais de l'Élysée, 1984.

Le général de Gaulle, Georges Pompidou et après eux François Mitterrand avaient, en leur temps, saisi à quel point une Nation pouvait changer le cours de l'histoire économique d'un pays comme le nôtre. Grâce à leurs grands choix politiques, consistant à affecter d'autorité une part des ressources nationales à de grands programmes industriels, une partie aujourd'hui puissante de notre base productive s'est hissée sur le pavois international. Si la France est leader mondial dans l'aéronautique, le spatial, le nucléaire, le logiciel, le ferroviaire et dans de nombreuses autres productions, nous le leur devons. Ils ont fait des paris technologiques, ils les ont financés, ont pris des risques politiques, ils ont bravé le scepticisme et les moqueries. Ils ont assumé pour le pays des choix qui n'allaient pas de soi, contestables et contestés, mais ils ont eu le courage de les assumer. Les anciens d'Airbus se souviennent encore que les ingénieurs et techniciens se sont rongé les ongles durant six ans, aux débuts de leur aventure technologique parce qu'il n'y avait pas la moindre commande d'appareil. Nous sommes aujourd'hui prêts à revivre, en France, ces aventures collectives.

Mais, désormais, les dirigeants ne décident plus seuls d'entreprendre des paris technologiques et industriels, c'est la société tout entière, dans ses multiples composantes, qui se mobilise pour reconquérir le Made in France, et participer à ce grand ouvrage de reconstruction commune.

Mener la bataille du Made in France, c'est donc lutter sur tous les fronts en même temps, puisqu'ils ont été, tant et tous, désertés dans le passé. Cette bataille ne peut se réduire à un « objectif de croissance », selon une expression consacrée et abstraite, car elle s'inscrit plus largement dans un combat politique en faveur d'une société qui valorise le travail, le savoir-faire, l'effort, le risque, l'innovation, la réussite collective, l'attachement aux outils de production, l'excellence et même l'audace. Elle demande tout à la fois de croire en nous-mêmes, et de résister à notre propre défaitisme. Cette bataille, le pays la conduit avec l'aide de figures fortes et indispensables, auxquelles il rend hommage : l'ingénieur, le capitaine d'industrie, le créateur, l'inventeur, l'artisan, l'ouvrier.

La bataille du Made in France organise et assume un État qui défend et protège la « base industrielle France », dessine un chemin de croissance, prépare l'avenir, fait des choix et formule des préférences d'investissement, noue des partenariats stratégiques, met en place le dialogue social, anime et fertilise les écosystèmes locaux, unit les forces productives, forme les générations nouvelles de travailleurs et d'ingénieurs, réunit les conditions de la réussite, lève les obstacles, partage le risque, promeut l'innovation, comble les failles de marché, soutient l'industrialisation de l'offre, établit le financement de l'économie, améliore l'environnement des entreprises. C'est un État ancré dans le réel, régulateur autant qu'acteur, chaque fois que nécessaire, du redressement de notre industrie. Un État porteur de projets. Un État dont la politique industrielle fait modèle : à la confluence du colbertisme et de la libre entreprise dans un monde qui change et qui a besoin tout à la fois d'unité, d'entraide, de solidarité, de liberté, de fluidité et de rapidité. C'est l'esprit même du colbertisme participatif.

Avec le Président de la République, nous venons de décider d'investir et d'engager le pays dans 34 plans industriels.

Ces plans organisent la Nation autour de projets de reconquête industrielle fondés sur l'innovation et imaginés par les entreprises elles-mêmes, dans les filières. Ce sont des objets innovants ou des produits nouveaux dans lesquels la France souhaite devenir l'un des meilleurs producteurs au monde afin de regagner les places qu'internationalement notre industrie a perdues. Pour cela, ces plans prennent appui sur des technologies actuelles, mûres, prêtes à se développer en vue d'une industrialisation rapprochée et de nature à créer de nouveaux emplois en France, au plus grand nombre possible.

Pour qu'ils se situent sur des marchés à forte croissance mondiale et riches en emplois, ils se positionnent dans des secteurs où la France tient déjà entre ses mains de solides atouts et des avantages compétitifs dans la mondialisation, dans des domaines où elle dispose, en outre, d'acteurs industriels de premier plan capables de prendre une place éminente dans la mise en œuvre de ces plans et la conquête des marchés futurs. Aucune distinction n'est établie entre prétendue « vieille industrie » et « nouvelle économie », car il existe des entreprises en croissance dans des secteurs en difficulté et d'autres en crise dans des secteurs en croissance. L'innovation et le progrès des technologies irriguent tous les secteurs ; et les filières en difficulté dont nous assurons la mutation ressuscitent souvent des entreprises que l'on croyait sur le point de disparaître.

Ces 34 plans sont autant de pixels qui dessinent le visage de la nouvelle France industrielle, qui fabriquent les contours de la société qui se crée sous nos yeux et avec nos mains : de nouvelles manières de se déplacer, d'habiter, de se soigner, de produire et de consommer de l'énergie, de se nourrir, de s'habiller, de réaliser des biens manufacturés. C'est l'innovation industrielle au service d'une société nouvelle, celle de la transition énergétique, une société davantage écologique et productive.

Dès lors, ces 34 plans vont contribuer à envoyer un message au reste du monde, celui du retour de la France dans le concert des nations industrielles et innovantes. « La troisième révolution industrielle se déroulera aussi en France », tel est le message adressé, avec ces 34 plans, au reste du monde, ainsi qu'aux entreprises, aux entrepreneurs, aux étudiants, aux ingénieurs, aux chercheurs, aux investisseurs, aux citoyens internationaux. Ils sont au cœur de la politique d'attractivité de notre pays, de notre industrie, de nos écosystèmes locaux et de nos mutations écologiques.

Ces 34 plans, les voici :

Plan 1. Énergies renouvelables

Les énergies renouvelables, issues du vent, du soleil, du courant marin ou de la profondeur de la terre ont atteint à des niveaux de maturité technologique différents. Pour certaines, un effort important de recherche et de développement reste encore à fournir ; concernant d'autres, il faut accroître leur compétitivité afin de les sortir du cadre tarifaire incitatif et subventionné le plus vite possible. L'objectif est de construire, en France, un ou plusieurs champions européens de certains secteurs, choisis, de ces énergies renouvelables.

Plan 2. La voiture pour tous consommant 2 litres aux 100 kilomètres

Il s'agit de rendre accessible à tous les ménages un véhicule écologique, économique et populaire, qui consommerait seulement 2 litres aux 100 kilomètres. PSA industrialisera un modèle n'avalant que 2,9 litres dès 2016, mais il faut améliorer les performances des moteurs, la traînée aérodynamique du véhicule, ses pertes mécaniques et de roulement, la connectivité et alléger un peu plus la voiture pour diminuer encore sa consommation. Ce plan associe les constructeurs, les grands équipementiers, les grands laboratoires de recherche publics, les pôles de compétitivité et les PME innovantes attachées.

Plan 3. Bornes électriques de recharge

Le développement du véhicule électrique, qui n'émet ni polluants ni gaz à effets de serre ni nuisances sonores, est l'une des priorités du « Plan automobile » présenté en juillet 2012, dans lequel le gouvernement a renforcé massivement les bonus écologiques. La responsabilité de la puissance publique est de créer les conditions d'un accès populaire et d'un usage sans contrainte de ces voitures. Pour cela, l'installation des infrastructures de recharge doit couvrir l'ensemble du territoire national, afin de pousser notamment le leadership mondial de Renault-Nissan dans ce domaine.

Plan 4. Autonomie et puissance des batteries

Les systèmes de stockage d'énergie sont l'une des clés d'une transition énergétique efficiente. Ainsi, les batteries électrochimiques rechargeables s'avèrent l'option la plus prometteuse pour le stockage embarqué dans les véhicules électriques ou hybrides rechargeables. Les choix technologiques faits par les constructeurs français doivent être poussés notamment vers l'innovation d'une nouvelle génération, et ce grâce à l'aide des laboratoires publics. Tel est par exemple le cas de l'accord entre le CEA et Renault. Les solutions innovantes relatives à la durée de vie des batteries, leur coût de fabrication, de démantèlement et de recyclage, les difficultés liées à l'autodécharge, la question du coût et du rendement global du système de stockage, la densité d'énergie emportée, le nombre de cycles de charge décharge, doivent être industrialisées en grande série en France, dans une offre technico-économique compétitive.

Plan 5. Véhicules à pilotage automatique

Les véhicules évoluent rapidement vers un accompagnement de la conduite. Des outils d'aide à celle-ci sont déjà développés ou sur le point de l'être : le régulateur-limiteur de vitesse, l'antiblocage des roues, l'aide au parking, le voiturier automatisé généralisé (Park4U de Valeo). Grâce à ces systèmes, un véhicule devient partiellement autonome, suppléant le conducteur. Pour prolonger ces innovations, les prochains automatismes créeront des dispositifs de « suivi de lignes », comme l'avertisseur en cas de franchissement des lignes au sol et les radars permettant de maintenir les distances de sécurité. Nous le voyons, le rêve d'un véhicule autonome, où le conducteur peut lâcher son volant dans les embouteillages ou pendant les longs trajets, n'est plus loin, et l'industrie automobile française relève ce défi en alliant grands constructeurs, PME, start-up innovantes et laboratoires de recherche autour de ce projet révolutionnaire.

Plan 6. Avion électrique et nouvelle génération d'aéronefs

L'industrie aéronautique française et européenne ne doit jamais cesser d'innover pour conserver son leadership. Les nouvelles générations d'avions, d'hélicoptères et de moteurs d'aéronefs lancés à partir de 2025 devront avoir revu à la baisse leur consommation, être moins polluants, moins bruyants et plus rapidement disponibles. Compte tenu des cycles de développement longs de l'aéronautique, c'est maintenant qu'il faut préparer ces nouveaux appareils dotés aux solutions innovantes, sûres et fiables. Porté par Airbus, la DGAC et des PME d'avant-garde, le prototype d'avion-école 100 % électrique biplace E-Fan, en composite et silencieux, dispose d'une autonomie de 45 à 60 minutes et est rechargeable en une heure. C'est assurément une préfiguration de la propulsion électrique et hybride des futurs plus gros-porteurs.

Plan 7. Dirigeables-Charges lourdes

Les premiers succès rencontrés dans l'expérimentation civile de drones aériens, plus légers, moins chers, plus flexibles et moins consommateurs de carburants, ont d'emblé montré les capacités de ces appareils : observation de la terre, télécommunications, surveillance des frontières, des espaces aéromaritimes, lutte anti-incendie, inspection des ouvrages d'art ou des lignes électriques, agriculture de précision, surveillance environnementale. Quant aux dirigeables, plus légers que l'air, ils ouvrent à leur tour un vaste champ de créations de services aériens à explorer et exploiter : en effet, les dirigeables gros-porteurs peuvent servir de moyen de transport de charges lourdes point à point peu coûteux ; les dirigeables-drones, eux, peuvent être un moyen d'observation longue durée, plates-formes stratosphériques comme relais de communication. Afin de continuer sur cette voie, un programme de recherche de nouveaux systèmes aériens civils est en cours de développement chez Airbus avec le soutien des pouvoirs publics.

Plan 8. Logiciel et systèmes embarqués

Le logiciel embarqué est indispensable au fonctionnement et au succès des principaux produits industriels comme téléphones, avions, voitures, par l'intelligence, l'autonomie et la connectivité de plus en plus puissantes. Ces logiciels d'une complexité croissante transforment les objets inertes en objets intelligents capables de traiter des données, de fonctionner en temps réel, d'interagir avec leur environnement, de coordonner plusieurs fonctionnalités, avec une fiabilité améliorée. Les applications potentielles étant considérables, ce plan consiste à renforcer la consolidation du secteur de l'édition logicielle embarquée et de faire émerger un standard industriel de conception pour le logiciel embarqué, porté par une entité industrielle à vocation de leader mondial.

Plan 9. Satellite à propulsion électrique

Les télécommunications par satellite sont un domaine d'excellence en France. Thales Alenia Space et Astrium ont capté le tiers du marché mondial. Pour conserver ce leadership face à une concurrence de plus en plus agressive technologiquement et commercialement, le satellite géostationnaire à propulsion électrique, plus léger, moins onéreux, et offrant plus de charge utile, représente le nouveau champ de bataille face aux concurrents américains. L'industrie spatiale française et européenne, en liaison avec le programme européen Neosat, doit offrir la technologie de la propulsion électrique et adapter les plates-formes industrielles existantes.

Plan 10. TGV du futur

La France, leader mondial dans la grande vitesse, créera en 2017, année de sortie du prototype chez Alstom, un TGV plus adapté aux nécessités modernes du transport collectif. Ainsi, chaque rame pourra transporter 640 passagers, et 20 % de plus avec d'autres conditions de confort – contre 509 actuellement – et consommera environ 20 % d'énergie en moins, avec une vitesse commerciale avoisinant les 350 km/h. Ce TGV du futur ultra-capacitaire pourra alors se positionner avec encore plus d'atouts dans les nouveaux appels d'offres lancés par les pays émergents comme le Brésil, l'Afrique du Sud, l'Inde et la Chine, qui sera dans dix ans le premier marché ferroviaire au monde.

Plan 11. Navires écologiques

L'industrie navale française, au 6e rang mondial, dispose d'une gamme étendue d'activités : la construction, les équipements, la réparation, la transformation de navires, les technologies de l'off-shore. Dans la concurrence mondiale, cette industrie fait le choix de rester compétitive en concentrant sa recherche-développement sur des navires évolutifs, économiques, optimisant les consommations, les émissions, les opérations courantes et capables de s'adapter grâce à des innovations technologiques. Ainsi, le navire écologique anticipe l'avenir en s'avérant plus performant que ce que réclame la réglementation en termes de protection sur le CO_2, les oxydes de soufre SOx, les oxydes d'azote NOx, les particules fines, les eaux usées et les déchets. Un gain de 50 % sur l'ensemble des impacts environnementaux du navire est visé.

Plan 12. Textiles techniques et intelligents

Malgré des préjugés tenaces, le textile reste une industrie très présente en France et fortement innovante. Son renouveau, soutenu par les pouvoirs publics, est amorcé par la diversification de PME historiques vers les textiles techniques et le développement de fibres nouvelles comme les fibres biosourcées, destinées à réduire la forte dépendance au coton de l'industrie de l'habillement et de l'ameublement. Ces PME mettent également au point des procédés de transformation écologique, développent des textiles intelligents et complexes qui, dotés de capteurs ou d'autres propriétés nouvelles, permettront de faire face à des besoins nouveaux. On voit aussi l'encouragement de la création d'une filière complète de production et de transformation de chanvre.

Plan 13. Industries du bois

La France exporte du bois brut et importe du bois transformé. Pourtant, cette ressource écologique et renouvelable est disponible en abondance sur notre territoire (deuxième massif forestier d'Europe). C'est pourquoi cette filière industrielle doit relancer l'exploitation des produits transformés à partir de la grume – bois énergie, ameublement, construction en bois – et soutenue dans ses innovations : nouvelles autorisations réglementaires pour de nouveaux matériaux de construction, pour la préfabrication industrielle, la maison individuelle en bois, l'immeuble collectif en bois, les constructions modulaires à construction rapide ou à vocation temporaire. Elles sont autant de marchés nouveaux à conquérir.

Le développement, concomitant, de la biomasse énergie doit servir la productivité et le renouvellement de l'outil industriel de la filière scieries et papeteries.

Plan 14. Recyclage et matériaux verts

Il faut éviter le gaspillage des ressources naturelles, des matières premières et de l'énergie, sécuriser l'approvisionnement de l'économie française en matières premières, diminuer ses impacts environnementaux. Ce plan veut faire évoluer grâce à la législation nos modes de consommation, de production, de distribution et nous orienter vers une économie circulaire, adapter les filières industrielles et agricoles en favorisant l'éco-conception, le recyclage et la valorisation des déchets. À cet égard, un programme d'innovations technologiques consacrées aux produits et aux matériaux ainsi que des projets d'écologie industrielle dans les territoires sur des circuits localisés seront engagés.

Plan 15. Rénovation thermique des bâtiments

L'ambition d'une rénovation thermique des logements représentera entre 7 et 10 milliards d'investissements annuels d'ici à 2020, majoritairement privés. Cet effort national est l'occasion d'industrialiser à grande échelle une offre française de matériaux destinés à renforcer une protection thermique des bâtiments énergétiquement efficace, grâce à une conception, des matériaux, un équipement et des services énergétiques améliorés. Ce plan industriel a pour ambition d'accroître la rentabilité des actions d'efficacité énergétique entreprises grâce à l'innovation et à la massification. Il s'agit également de favoriser la création de valeur et d'expertise pour nos entreprises engagées dans la compétition internationale.

Plan 16. Réseaux électriques intelligents

Le *smart grid*, ou réseau de distribution d'électricité « intelligent », utilise les technologies informatiques afin d'optimiser l'efficacité énergétique de la production, de la distribution et de la consommation. L'apport de ces technologies permet des économies grâce à la baisse des pointes de consommation (les plus coûteuses et les plus polluantes), grâce à l'organisation de l'effacement diffus, la sécurisation du réseau et une diminution de son coût. Linky, le compteur intelligent d'ERDF, est le premier volet significatif devant conduire au développement de *smart grids* en France. Les entreprises concernées sont les électriciens, mais également les constructeurs (Schneider, Alstom) et les gestionnaires de réseau (RTE, ERDF).

Plan 17. Qualité de l'eau et gestion de la rareté

L'eau, ressource indispensable et rare à l'échelle de la planète, est à la fois un service public et un marché en pleine expansion mondiale. Il bénéficie de nombreuses innovations, notamment autour de la gestion intelligente de cette ressource et du génie écologique, nécessaire pour les contrôles qualité et de dépollution. Afin de poursuivre ces actions, ce plan vise à accroître, par le soutien à l'innovation, la productivité et l'attractivité de la vision française des « systèmes » liés à l'eau, combinaison de produits, de services et compétences en maîtrise et entretien d'ouvrage. Seront donc mis en place des projets démonstrateurs de réseaux d'eaux intelligents, ainsi que des usines d'épuration productrices d'énergie, de bioproduits, de produits recyclés (engrais, phosphore) et d'eaux recyclées de qualités adaptées aux usages.

Plan 18. Chimie verte et biocarburants

La filière chimie est le premier secteur industriel consommateur d'énergie en France (29 % de l'électricité et 60 % du gaz de l'industrie, hors agroalimentaire). De plus, cette industrie est doublement dépendante des hydrocarbures puisque, en sus du gaz consommé en tant qu'énergie, les hydrocarbures sont une matière première. Par conséquent, ce plan vise à diminuer la dépendance de la chimie française aux hydrocarbures, par l'innovation dans la chimie du végétal dont elle peut maîtriser l'ensemble de la chaîne de production. Il mobilise les acteurs autour d'innovations majeures liées aux nouvelles molécules vertes, met en place des pilotes industriels, transforme des processus de production afin de les rendre plus efficaces énergétiquement. De nombreuses entités de recherche et développement sont déjà mobilisées (IFPEN, CEA).

Ce plan permettra de faire basculer les biocarburants de deuxième génération dans l'ère industrielle et d'investir massivement sur la suivante.

Plan 19. Biotechnologies médicales

L'objectif de ce plan est de créer les conditions-cadres à la création d'entreprises de biotechnologies médicales chez nous. Il repose en amont sur le maintien et le développement de la recherche médicale en France, seule capable d'initier de nouvelles molécules et permettre la production de médicaments sur le sol national. La réussite de plusieurs pôles de compétitivité, « Lyon Biopôle » et « Alsace Biovalley », par exemple, démontre ainsi que la mobilisation de la recherche publique est efficace autour d'axes thérapeutiques déterminés. Le financement de biotechs innovantes nécessitera la mobilisation du Programme d'investissements d'avenir avec des retours sur investissement autour de dix ans. Ce plan impliquera la création de centres de bio-production de molécules, indispensables à leur production à grande échelle industrielle. Dans ces domaines, les acteurs incontournables sont aujourd'hui l'AFM Téléthon et l'alliance Sanofi-LFB.

Plan 20. Hôpital numérique

Le secteur de la santé, pôle d'excellence française, connaît une transition numérique. Plus particulièrement en milieu hospitalier, par le développement des systèmes d'information numériques et de la télémédecine. Cette dernière permet une amélioration de la qualité de l'offre de santé grâce à l'accès au traitement à distance du malade par le médecin traitant. Ces changements ouvrent un champ nouveau de maîtrise des dépenses. Ce plan vise donc plusieurs objectifs ; une marche rapide vers le déploiement opérationnel de la standardisation et de l'interopérabilité avec l'Agence des systèmes d'information partagés de santé, la mise en avant de cet écosystème innovant qu'est la e-santé, avec le Centre national de référence de santé à domicile. Le levier de la commande publique, innovante, sera donc décisif si l'on veut réussir à faire naître une filière industrielle de PME.

Plan 21. Dispositifs médicaux et nouveaux équipements de santé

L'industrie des dispositifs médicaux (94 % des fabricants sont des PME de moins de 250 salariés) regroupe un ensemble hétérogène de produits couvrant un champ thérapeutique étendu : de la seringue à l'IRM, du défibrillateur cardiaque au diagnostic *in vitro*. Pour rester dans la compétition internationale, nos entreprises doivent se voir renforcées sur leurs activités nationales à forte création de valeur, vivement exportatrices et profitables (comme le diagnostic *in vitro*) ou les dispositifs médicaux à usage individuel. Pour cela, il leur faut trouver un soutien sur les marchés publics hospitaliers. Ce plan vise à doubler d'ici à 2020 le taux d'exportation des entreprises de la filière et la maîtrise des importations pour rééquilibrer la balance commerciale.

Plan 22. Produits innovants pour une alimentation sûre, saine et durable

Pouvoir conserver plus longtemps les produits, sans nécessairement devoir les réfrigérer, implique d'améliorer les techniques de stabilisation des aliments ainsi que les qualités de leurs contenants. En effet, plus la durée de vie des aliments est prolongée, plus leur stabilité microbiologique est difficile à assurer. Il existe donc un défi technologique à relever grâce à l'innovation. Objectif : allonger la durée de vie des aliments en limitant l'usage des intrants et additifs et en privilégiant des solutions naturelles. De fait, la volonté des consommateurs d'accéder à une alimentation saine, aux durées et conditions de conservation optimisées, se renforce après chaque scandale sanitaire.

L'amélioration de la traçabilité répond à cette demande, grâce au développement d'emballages intelligents, assurant une meilleure information du public et une qualité optimale des aliments. Outre l'impact sur la réduction du gaspillage, ces technologies d'allongement de la durée de vie des produits permettraient de couvrir plus de marchés à l'export et réduiraient la facture énergétique des acteurs de la filière agroalimentaire en diminuant le nombre d'enceintes réfrigérées. Les produits transformés préparés par l'industrie doivent également répondre aux attentes des consommateurs qui souhaitent des produits sains et aux qualités gustatives préservées. La réduction du sel et du sucre dans les aliments ou encore la substitution de certains additifs artificiels par des additifs d'origine naturelle sont autant de défis à relever par les professionnels. De même, l'adaptation des recettes aux pathologies, au profil différencié des consommateurs, seniors ou nourrissons, représente un champ d'innovations avec de nombreux verrous industriels à lever. L'amélioration des propriétés des nutriments, comme la valorisation des protéines végétales, ou l'utilisation des protéines laitières comme agents texturants afin d'éviter les ajouts d'intrants, ou encore l'exploitation des propriétés des nutriments dans des filières non alimentaires (cosmétique, chimie) sont les projets innovants que ce plan propose de soutenir afin d'ouvrir les marchés à l'exportation.

Plan 23. Big Data

Le « déluge de données » résultant du développement de l'Internet mobile et de l'arrivée à maturité des objets intelligents connectés dans notre quotidien est une formidable chance de création de valeur. Car les données deviennent alors le carburant de la nouvelle économie digitalisée. La France possède en ce domaine de nombreux atouts : ses talents en mathématiques et en informatique, son tissu de start-up technologiques dynamiques, ses grands groupes dans des secteurs en pleine mutation numérique. Par conséquent, ce plan « Big Data » a pour but de transformer la France en place de référence mondiale en la matière. Le plan couvre toute la variété des verrous à lever : la formation de « data scientists », l'ouverture d'un centre de ressources technologiques pour accélérer la croissance des start-up, le soutien à la R&D par l'appel au Grand Emprunt, l'organisation de la rencontre entre technologies et marchés verticaux, le financement de fonds d'amorçage dédiés.

Plan 24. Nuage de données (Cloud computing)

Le *cloud computing* constitue bel et bien une révolution dans l'approche des services informatiques puisqu'il permet un accès facilité – et peu coûteux – aux potentialités du numérique, notamment en ce qui concerne la capacité de calcul ou de données. Voici une clé au développement des PME de tous types et une source de croissance et d'innovation pour le secteur. Ce plan vise donc plusieurs objectifs : renforcer le potentiel national du numérique, notamment par le soutien à l'offre technologique, en s'appuyant entre autres sur nos grands acteurs nationaux (Orange, Atos, Cap Gemini, Thales) et les acteurs innovants (OVH, NeoTelecoms) ; accompagner la transition vers le *cloud* des entreprises françaises, notamment les PME ; enfin, garantir notre souveraineté par l'émergence d'acteurs de rang mondial, par la création de standards de services, de qualité et de sécurité, et par l'action réglementaire.

Plan 25. e-Education

L'arrivée à maturité du numérique destiné au système éducatif est en train de révolutionner les pratiques pédagogiques, en formation initiale ou continue. La qualité des connexions, l'arrivée de nouveaux terminaux et objets (tablettes) ainsi que des technologies différentes permettent d'envisager une rénovation en profondeur des méthodes, des contenus et des enseignements, avec intégration des outils numériques dans l'apprentissage des connaissances traditionnelles ou la formation continue de chaque secteur. De quoi généraliser l'appropriation du numérique par toute la population. Ce plan structurera une offre dynamique de start-up et de PME en offrant des débouchés concrets à tous les niveaux d'enseignement et en accompagnant la transition numérique des acteurs traditionnels de l'éducation, notamment les éditeurs de contenus.

Plan 26. Souveraineté Télécoms

Ce plan vise à renforcer l'offre française dans l'ensemble des équipements de réseaux, particulièrement les technologies d'avenir, comme les routeurs cœur de réseau IP, le transport optique ultra-haut débit terrestre et sous-marin, ou le très haut débit mobile. Les concepts naissants de virtualisation des réseaux, d'intégration des réseaux télécom IP et des *data centers*, qui offrent de nouveaux segments de marché pour les acteurs de cet univers, sont déterminants. Pour le réseau mobile, il s'agit de préparer la 5G, le développement des *small cells* n'étant qu'une première étape. L'enjeu à moyen terme est d'assurer la pérennité et le développement d'acteurs français, en premier lieu d'Alcatel-Lucent. Le marché des équipementiers de télécommunication étant très concurrentiel, avec des industriels chinois qui augmentent leurs parts de marché, voici donc un enjeu de souveraineté. Outre Alcatel-Lucent, les opérateurs mobiles devront être impliqués dans la R&D collaborative, ainsi que des entreprises comme Thales, Gemalto, Oberthur, Technicolor. Ce plan propose un soutien financier important aux technologies réseau de rupture ainsi que des actions réglementaires protectrices.

Plan 27. Nanoélectronique

Le plan Nano2017 répond à des enjeux de politique industrielle hautement stratégiques. La France dispose à Crolles (Isère) du meilleur site européen de production, ultra-compétitif, passé maître dans les circuits intégrés de l'industrie du semi-conducteur, un lieu implanté par STMicrolectronics (une entreprise franco-italienne de taille mondiale). Le poids grandissant de la nanoélectronique dans les produits et systèmes donne à cette technologie un caractère stratégique, en termes d'accès par les industriels intégrateurs aux composants présentant un caractère critique pour leur capacité à innover. Nano2017 a donc pour objectif de renforcer via le financement d'un programme de R&D la maîtrise et l'avance par un acteur européen de cette technologie critique qu'est la nanoélectronique.

Plan 28. Objets connectés

Les objets intelligents connectés envahissent notre quotidien, interagissent avec notre environnement, s'adaptent à nos habitudes de vie, gèrent nos données personnelles, proposent des services nouveaux : voiture, réfrigérateur, pèse-personne, objets culinaires deviennent progressivement intelligents par la connexion à Internet. Un rapport récent du Commissariat général à la Stratégie et à la Prospective (Internet 2030) a montré que la France et l'Europe pouvaient utiliser cette nouvelle révolution numérique pour construire une industrie numérique de rang mondial. Ce plan mobilisera le soutien à la R&D du Programme d'investissements d'avenir, la commande publique innovante, ainsi qu'une démarche stratégique de standardisation.

Plan 29. Réalité augmentée

Les techniques de réalité augmentée, qui ajoutent des informations aux perceptions sensorielles habituelles, vont simplifier les processus de conception industrielle et s'imposer dans notre vie quotidienne.

La France, grâce à des acheteurs potentiels importants dans l'automobile et l'aéronautique et ses fabricants de premier plan mondial comme Essilor ainsi qu'à son tissu de PME innovantes, doit accélérer le développement des technologies et des usages pour se positionner en pointe sur ce segment. Le plan vise donc à renforcer le dynamisme des entreprises productrices de solutions applicatives et à assurer le développement de leurs usages.

Plan 30. Services sans contact

Les villes deviennent chaque jour plus « intelligentes » grâce à l'apparition de nouveaux services et produits numériques urbains, en particulier les technologies du « sans contact ». Il s'agit, par exemple, de nouveaux services destinés aux transports, liés au déploiement de la multimodalité, de l'essor des moyens d'information et de paiement mutualisés. Les collectivités territoriales ont déjà mis en œuvre de nombreuses expérimentations. Grâce à ce plan, la France deviendra donc une des figures mondiales des « smart-cities » et du « sans contact ». En recourrant au levier de la commande publique innovante, en organisant le rapprochement des acteurs, en soutenant la construction de démonstrateurs à grande échelle, et en favorisant l'accompagnement de la transition numérique des acteurs de l'ingénierie urbaine, il existe une formidable carte à jouer.

Plan 31. Supercalculateurs

Le calcul intensif recouvre les systèmes informatiques dits de « haute performance », permettant les simulations les plus complexes. Technologie clé jouant un rôle essentiel dans l'innovation et la compétitivité de nombreuses industries, sa maîtrise requiert des investissements stratégiques en R&D. Le plan vise à conserver cette maîtrise en encourageant Bull, le CEA et leurs partenaires à valoriser les synergies entre les programmes de recherche. Mais aussi en suivant les projets de R&D stratégiques et collaboratifs sur le domaine Exascale, et en créant un dispositif d'accompagnement des PME à l'usage du calcul intensif. Teratec, une association regroupant plus de 60 entreprises,

PME et laboratoires de recherche publics et privés, dont l'objectif est de constituer un pôle européen de compétences en simulation numérique à haute performance, pourra porter utilement ce projet.

Plan 32. Robotique

Le plan France Robots Initiatives a pour ambition de faire de notre pays l'un des leaders de la robotique dans le monde. Et ce d'ici à 2020, tant en matière de robotique de service que de production. La robotique industrielle permet de maintenir ou de relocaliser la production et l'emploi ; elle constitue une technologie efficace pour faire face aux défis sociétaux que sont le vieillissement, la santé et la mobilité au travail. Le marché de la robotique est estimé à 100 milliards d'euros en 2020 par la Commission européenne. Présente sur des marchés spécialisés via des ETI de pointe ou sur des produits très innovants portés par des start-up, la France est en revanche trop absente du secteur de la robotique industrielle et nos usines s'avèrent en retard de robotisation face à leurs concurrentes allemandes ou italiennes. Ce plan ambitionne donc de constituer une offre nationale de robotique dans l'industrie et la société, en soutenant la R&D publique et privée, en organisant les transferts technologiques des laboratoires publics vers l'industrie, en diffusant la robotisation dans les entreprises industrielles, en mobilisant les investisseurs privés au soutien du développement des

PME, et en mettant en place un environnement réglementaire favorable.

Plan 33. Cybersécurité

La Sécurité des systèmes d'information recouvre les technologies qui protègent la disponibilité, l'intégrité et la confidentialité des données traitées dans les systèmes ou échangées via les réseaux. Elle sert les intérêts économiques, sociétaux, stratégiques, d'indépendance et de souveraineté nationale définis par le Livre blanc de la défense et de la sécurité nationale comme par la Feuille de route du numérique élaborée par le gouvernement. À l'exception de quelques niches comme les cartes à puce, la fragmentation de ce marché de la SSI freine la compétitivité de nos entreprises notamment face à la concurrence internationale, plus particulièrement nord-américaine. Grâce à ce plan, la demande des administrations sera structurée afin d'orienter la R&D des industriels vers des marchés nationaux solvables. Plusieurs projets de déploiement seront mis en place qui fournissent des références à nos leaders nationaux. De quoi consolider les entreprises sur des technologies de souveraineté.

Plan 34. Usine du futur

L'usine du futur est un bouleversement des modes et moyens de production intégrant la nécessité de produire au plus près du consommateur et de ses besoins. C'est une industrie de proximité à très faible empreinte écologique qui consomme moins de matière, moins d'énergie, moins d'espace et produit moins de déchets. Elle s'appuie sur l'essor de la robotique de service, sur les nouveaux processus de fabrication additive – impression 3D –, sur les machines de production miniaturisés adaptées en priorité aux petites et moyennes séries. Ce plan équipera les usines françaises via le financement du Programme d'investissements d'avenir et les collectivités locales ; il s'appuiera sur des plates-formes publiques-privées régionales permettant la diffusion et l'utilisation mutualisée des technologies du Fab Lab, composées des équipements de l'usine du futur.

Ces 34 plans de la nouvelle France industrielle sont, pour chacun, une œuvre de reconquête industrielle, un acte de foi dans notre capacité au redressement autant qu'un témoignage de confiance envers la société française capable d'être au rendez-vous de la troisième révolution industrielle. Ils renouent le lien rompu avec notre glorieuse histoire industrielle et reprennent le fil du récit économique de la France.

Chaque citoyen devra s'impliquer, se retrousser les manches, se demander s'il sert les intérêts du tout, de tous, par préférence au sien. C'est ainsi que nous gagnerons la Bataille du Made in France. Il faudra du temps, de l'endurance, de l'opiniâtreté, mais les Français n'en ont jamais manqué et n'en manquent pas. C'est pourquoi nous ne pouvons que réussir. Ensemble !

Remerciements

Ce livre est l'aboutissement d'une année de bataille pour le Made in France. Une bataille racontée dans cet ouvrage qui n'aurait pas pu voir le jour sans l'aide et la bienveillance de Julien Dourgnon, de Xavier Ragot et de Takfarinas Chabane, les contributions précieuses de Boris Vallaud, de Marianne Zalc-Müller, de Sandra-Andréa Renard et de Michaël Dudragne et les hommes et femmes engagés à mes côtés.

Merci à mes fidèles collaborateurs, membres de cabinet, ces combattants du redressement productif, à leur constance et à leur regard constructif qui enrichissent mon idée personnelle de l'évolution du monde actuel.

Merci enfin à tous celles et ceux qui m'ont permis de nourrir les réflexions qui ont conduit à cet ouvrage, en premier lieu les Françaises et les Français que je rencontre dans l'exercice de ma mission et qui se battent au quotidien pour changer leur pays.

TABLE

Composition et mise en pages

NORD COMPO
multimédia

Cet ouvrage a été achevé d'imprimer en août 2013
dans les ateliers de Normandie Roto Impression s.a.s.
61250 Lonrai
N° d'édition : L.01ELKN000467.N001
N° d'impression : 133165
Dépôt légal : septembre 2013

Imprimé en France